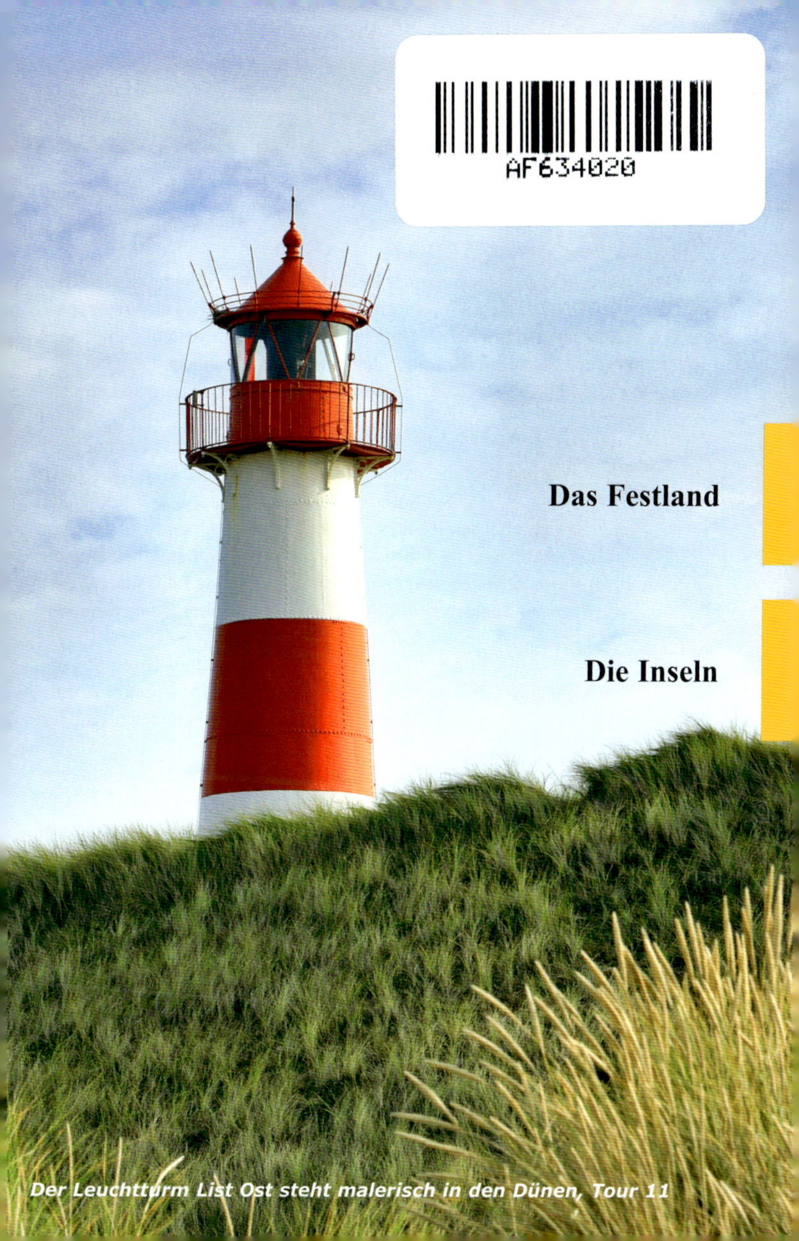

Das Festland

Die Inseln

Der Leuchtturm List Ost steht malerisch in den Dünen, Tour 11

Nordfriesland

Der Autor und der Verlag sind für Lesertipps und Verbesserungen (besonders per E-Mail) unter Angabe der Auflagen- und Seitennummer dankbar.

Dieses OutdoorHandbuch hat 160 Seiten mit 64 farbigen Abbildungen, 25 farbigen Kartenskizzen im Maßstab 1:50.000 und 1:75.000 und einer farbigen, ausklappbaren Übersichtskarte. Es wurde auf chlorfrei gebleichtem, FSC®-zertifiziertem Papier gedruckt, in Deutschland klimaneutral hergestellt und transportiert und wegen der größeren Strapazierfähigkeit mit PUR-Kleber gebunden.

FSC
www.fsc.org
MIX
Papier aus verantwortungsvollen Quellen
FSC® C009051

Klimaneutral
Druckprodukt
ClimatePartner.com/10951-2007-1008

Dieses Buch ist im Buchhandel und in Outdoor-Läden erhältlich und kann im Internet oder direkt beim Verlag bestellt werden.

OutdoorHandbuch aus der Reihe „Regional", Band 431

ISBN 978-3-86686-595-2 1. Auflage 2020

Text und Fotos: Hartmut Engel
Karten: Dieter Großelohmann
Lektorat: Anna-Lena Ebner
Layout: Alexandra Sauerland

Gesamtherstellung: gutenberg beuys feindruckerei

Dieses OutdoorHandbuch wurde konzipiert und redaktionell erstellt vom:

Conrad Stein Verlag GmbH, Kiefernstr. 6, 59514 Welver,
☎ 023 84/96 39 12, FAX 023 84/96 39 13,
info@conrad-stein-verlag.de,
www.conrad-stein-verlag.de

Besuchen Sie uns bei Facebook & Instagram:

www.facebook.com/outdoorverlag

www.instagram.com/outdoorverlag

Titelfoto: Der Leuchtturm Westerheversand ist das Wahrzeichen der Halbinsel Eiderstedt, Tour 3

Inhalt

Vorwort

In dem vorliegenden Wanderführer über Nordfriesland finden Sie 25 Touren auf dem Festland und den nordfriesischen Inseln. Um Ihnen die An- und Abreise so einfach wie möglich zu machen, sind sie fast ausschließlich als Rundtouren angelegt. Die Wanderungen vermitteln ein gutes Bild von der landschaftlichen Vielfalt der Region. Das Spektrum reicht von kurzen, nur wenige Kilometer langen Spaziergängen bis zu mehr als 20 km langen Tageswanderungen, wobei der Schwerpunkt auf Touren zwischen 5 und gut 10 km liegt.

Die meisten Touren führen entlang oder durch den Nationalpark Schleswig-Holsteinisches Wattenmeer, andere durch Naturschutzgebiete. Sie sind einfach, bieten keine technischen Schwierigkeiten und verlaufen – abgesehen von den An- und Abstiegen an den Deichen – meist ohne Höhenunterschiede. Den höchsten Gipfel können Sie auf Sylt besteigen. Mit etwas über 50 m ist die Uwedüne ein wahrer Gigant für die Region.

Das Buch hilft Ihnen bei der Auswahl der Wanderungen, bietet neben einer detaillierten Wegbeschreibung mit zugehöriger Karte auch Informationen zu Einkehr- und Einkaufsmöglichkeiten, zu schönen Rastplätzen und Bademöglichkeiten, zu Wissenswertem entlang des Weges und vieles mehr. Für Familien mit kleinen Kindern werden Hinweise zur „Kindertauglichkeit" gegeben, wer mit einem Buggy unterwegs ist, erfährt, ob die Wanderung auch damit möglich ist, und Hundebesitzer erhalten Hinweise zur Hundefreundlichkeit der Tour.

Wer ein GPS-Gerät oder ein Handy mit entsprechender Möglichkeit hat, kann sich alle Tracks von der Internetseite des Verlags herunterladen.

Ich wünsche Ihnen viel Spaß und Freude bei Ihren Wanderungen in Nordfriesland und hoffe, dass Ihnen der Führer ein verlässlicher Begleiter sein wird.

Westerhever, im Frühjahr 2020
Hartmut Engel

Einleitung

Nordfriesland liegt im äußersten Nordwesten Deutschlands und grenzt im Norden an Dänemark. Am Ellenbogen auf Sylt liegt der nördlichste Punkt Deutschlands. Der Landkreis gehört zu den beliebtesten Ferienregionen in der Republik. Mehr als 10 Millionen Übernachtungen werden hier jährlich registriert, das sind über 70 Übernachtungen pro Einwohner (zum Vergleich: Der Durchschnitt liegt in Deutschland bei fünf Übernachtungen pro Einwohner).

Besonders beliebt sind die vier Inseln Sylt, Föhr, Amrum und Pellworm sowie die zehn Halligen. Zusammen bilden Sie eine weltweit einmalige Halliglandschaft. Aber auch die beiden Halbinseln Nordstrand und Eiderstedt sind touristische Hotspots. Besonders St. Peter-Ording an der Westküste Eiderstedts, das sich gern als größte Sandkiste Deutschlands bezeichnet, ist zu einem Touristenmagnet geworden, der nicht nur Übernachtungsgäste, sondern auch viele Tagestouristen aus dem Großraum Hamburg anzieht.

Geprägt wird die Region durch die Nordsee, die dem ganzen komplizierten und empfindlichen geologischen Gefüge aus Inseln, Halligen und Sandbänken, Prielen und Strömen immer wieder ein neues Gesicht verleiht. Während in früheren Zeiten katastrophale Sturmfluten ganze Inseln, wie die ehemalige Insel Strand mit dem sagenhaften Rungholt, vernichteten, schützen heute hohe Deiche und andere wasserbauliche Maßnahmen die Inseln und das Hinterland. Ob das auch im Angesicht der Klimaerwärmung und des damit stetig steigenden Meeresspiegels für die Zukunft gilt, ist allerdings fraglich.

Nordfriesland wurde in drei größeren Einwanderungswellen besiedelt. Um die Jahre 700 und 1100 kamen Friesen über die Nordsee aus ihrem Kerngebiet, das von der Mündung des Rheins bis zur Ems reichte. Eine dritte große Welle erfolgte in der ersten Hälfte des 17. Jh., während der vor allem Holländer einwanderten, die mit ihren Kenntnissen in Deichbau und Entwässerung große Landstriche bewohnbar machten. Noch heute sieht man an vielen Orten Nordfrieslands die Spuren holländischer Besiedlung, wie z. B. in dem Holländerstädtchen Friedrichstadt mit seinen Grachten, den Holländerwindmühlen oder den typischen Haubargen auf Eiderstedt.

Die Nordfriesen gelten als stur und abweisend, wer sie aber näher kennenlernt, wird dieses Urteil nicht teilen. Manche sind zwar etwas wortkarg und mehr als „moin, moin" bringen sie manchmal tagelang nicht über die Lippen, sie sind aber stets gastfreundlich und hilfsbereit und treten Fremden gegenüber herzlich, offen und ehrlich auf.

Ihre Sprache ist Nordfriesisch, ein Dialekt des Friesischen, das heute aber kaum noch jemand spricht. Lediglich auf den Inseln und dem nördlichen Festland wird es von einigen noch als Alltagssprache genutzt. Allerdings sind in den letzten Jahren Bestrebungen in Gang gekommen, um die alte Sprache zu beleben. Dies drückt sich auch auf vielen Ortsschildern aus, auf denen neben dem hochdeutschen Ortsnamen auch der nordfriesische angegeben ist, oder wie z. B. auf Amrum, wo die Straßennamen fast ausschließlich nordfriesisch sind.

Geprägt wird die Region im Wesentlichen durch Marschen, fruchtbares Land, das nach der Eiszeit durch Meeresablagerungen entstanden ist, etwa auf Meereshöhe liegt und daher eingedeicht werden muss, damit es nicht überflutet wird. Daneben gibt es wenige, höher gelegene Geestgebiete, die durch Sandablagerungen während der Eiszeiten entstanden sind. Sie liegen meist weiter östlich im Landesinnern und erreichen nur nördlich von Husum die Küste. Allerdings haben auch die drei nördlichen Inseln Sylt, Föhr und Amrum einen Geestkern, während Pellworm eine Marschinsel ist.

Ein besonderes Landschaftsmerkmal Nordfrieslands ist das Watt, eine Region, die täglich zweimal vom Meerwasser überflutet wird und anschließend wieder trockenfällt – ein in vielerlei Hinsicht extremer Lebensraum für Pflanzen und Tiere, die großen Temperaturunterschieden und Salzgehaltsschwankungen ausgesetzt sind. Dennoch ist das Watt ein ausgesprochen produktiver Lebensraum mit einer Vielzahl von kleinen und kleinsten Lebewesen, die höheren Organismen als Nahrungsgrundlage dienen.

Zur Wattlandschaft gehören aber nicht nur die sandigen und schlickigen Bereiche, die ständig überflutet werden, sondern auch solche, die nur wenige Tage im Jahr oder gar nicht mehr von Überflutung betroffen sind, wie z. B. die Salzwiesen oder Dünen. Alle zusammen bilden das Wattenmeer der Nordsee, die größte zusammenhängende Wattlandschaft der Welt, die sich von der holländischen Insel Texel bis nach Blåvand nördlich von Esbjerg in Dänemark erstreckt.

Der deutsche und holländische Teil des Wattenmeeres wurde 2009 von der UNESCO zum Weltnaturerbe ernannt, der dänische Teil folgte 2014. Um die Gebiete zu schützen, wurden sie von den jeweils zuständigen Behörden zu Nationalparks ernannt. Für Schleswig-Holstein ist es der Nationalpark Schleswig-Holsteinisches Wattenmeer, der im Süden an den niedersächsischen Nationalpark grenzt und im Norden an den dänischen Nationalpark Vadehavet.

Reise-Infos

Anreise

Mit dem Pkw erreichen Sie Nordfriesland am besten von Hamburg über die A23 Richtung Heide. Dort endet die Autobahn und Sie müssen auf der B5 weiterfahren, auf der Sie gleich nach der Überquerung der Eider im Süden Nordfrieslands ankommen. Die Bundesstraße führt weiter bis zur dänischen Grenze. Wer gleich in den Norden des Landkreises will, kann von Hamburg aus auch auf der A7 Richtung Flensburg fahren. Kurz vor Dänemark verlassen Sie die Autobahn an der Anschlussstelle Flensburg/Harrislee und fahren auf der B199 weiter Richtung Leck und Niebüll.

Halten Sie sich an die Geschwindigkeitsbegrenzungen. An zahlreichen Straßen stehen, manchmal sehr gut versteckt, feste oder mobile Geschwindigkeitsmessanlagen.

Mit der sogenannten Marschbahn kommen Sie von Hamburg über Husum bis nach Sylt. Je nach Zugart werden auch kleinere Orte in Nordfriesland entlang der Strecke bedient. Darüber hinaus gibt es Regionalbahnen von Husum nach St. Peter-Ording und von Niebüll nach Dagebüll. Fahrplanauskunft und Preise erhalten Sie im Internet unter www.bahn.de.

Flixbus (www.flixbus.de) bietet eine Verbindung von Hamburg in den Südwesten Nordfrieslands nach St. Peter-Ording an.

Die Anreise auf die Inseln Pellworm, Föhr und Amrum erfolgt mit Fähren, die auch Autos transportieren:

- Pellworm von Nordstrand (Strucklahnungshörn) mit der Neuen Pellwormer Dampfschiffahrts GmbH (www.faehre-pellworm.de). Die Fähren legen auf Pellworm meist am Tiefwasseranleger an, der mehrere Kilometer von Tammensiel entfernt ist. Fußgänger werden mit einem kostenlosen Zubringerbus nach Tammensiel und wieder zurückgebracht.
- Föhr und Amrum von Dagebüll mit der Wyker Dampfschiffs-Reederei (www.faehre.de)

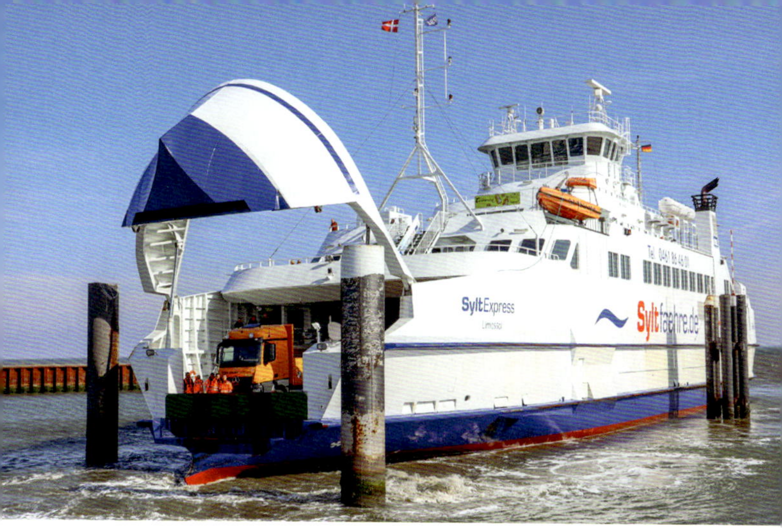

Sylt kann man auch mit der Fähre von Dänemark aus erreichen

♦ Wer mit dem Pkw nach Sylt will, nutzt von Niebüll aus die Autozüge der Bahn (💻 www.bahn.de) oder von Autozug Sylt (💻 www.autozug-sylt.de). Manche Touristen bevorzugen die Anreise nach List im Norden Sylts mit der Fähre von der dänischen Insel Rømø (💻 www.syltfaehre.de).

Wer ohne Auto unterwegs ist, kommt mit den Ausflugsschiffen der Reederei Adler-Schiffe von mehreren Häfen aus auf die Halligen und Inseln (💻 www.adler-schiffe.de).

Gezeiten

Den periodischen Wechsel von Hoch- und Niedrigwasser nennt man Gezeiten oder Tiden. Ursache dieses etwa 12-stündigen Rhythmus ist die Anziehungskraft von Mond und Sonne auf die Erde sowie die Fliehkraft des Systems Erde-Mond.

Den ca. 6-stündigen Übergang zwischen höchstem Wasserstand (Hochwasser) und niedrigstem Wasserstand (Niedrigwasser), nennt man Ebbe. Umgekehrt bezeichnet man den Zeitraum zwischen Niedrigwasser und Hochwasser als Flut.

Auskünfte über Zeiten von Hoch- und Niedrigwasser geben Tidenkalender, die Sie für viele Fremdenverkehrsorte meist kostenlos in den Touristenbüros oder anderweitig erhalten.

Information

Touristische Informationen über das nördliche Nordfriesland, u. a. ein Urlaubsmagazin mit Unterkunftsverzeichnis erhalten Sie von:

Nordfriesland Tourismus, info@nf-tourismus.de, www.nordfrieslandtourismus.de

Darüber hinaus gibt es in vielen Orten lokale Touristeninformationen, die Ihnen bei der Unterkunftssuche helfen oder Sie mit allgemeinen Auskünften versorgen. Die Anschriften finden Sie in den jeweiligen Ortsbeschreibungen.

Kurabgabe

An den allermeisten Stränden der nordfriesischen Küste sowie auf den Inseln muss eine Kurabgabe gezahlt werden, die je nach Region um die € 3 pro Tag beträgt. Tagesgäste zahlen an Kassenhäuschen oder Automaten an den Strandzugängen, Übernachtungsgästen wird die Abgabe von den Vermietern in Rechnung gestellt.

Naturschutzorganisationen in Nordfriesland

Bei Ihren Wanderungen an der nordfriesischen Küste und auf den Inseln werden Sie immer wieder an Informationszentren der gemeinnützigen Naturschutzgesellschaft **Schutzstation Wattenmeer** (www.schutzstation-wattenmeer.de) gelangen.

Die 1962 gegründete private Naturschutzvereinigung will einer breiten Öffentlichkeit die Ökosysteme des Wattenmeeres und der Nordsee näherbringen, um die Schutzbereitschaft für diese Lebensräume zu erhöhen. Die Gemeinschaft betreibt insgesamt 20 Stationen und Informationszentren entlang der Küste und auf den Inseln.

Der Naturschutzbund **NABU** (www.nabu.de), Deutschlands mitgliederstärkste Naturschutzorganisation, betreibt in Nordfriesland drei Naturschutzzentren (Katinger Watt, Hamburger Hallig und Bergenhusen).

Sehr präsent in der Region ist der bereits 1907 gegründete **Verein Jordsand** (www.jordsand.eu) zum Schutz der Seevögel und der Natur. Er betreut zahlreiche Schutzgebiete auf den Inseln, Halligen und an der Küste.

Öffentliche Verkehrsmittel

Der öffentliche Personennahverkehr erfolgt in Nordfriesland im Wesentlichen mit Bussen. Die meisten Ausgangspunkte der Wanderungen in diesem Buch sind mit Bussen erreichbar, bedenken Sie aber, dass manche Linien nur selten verkehren und einige sogar nur während der Schulzeiten im Rahmen der Schülerbeförderung.

Busfahrpläne finden Sie unter www.nordfriesland.de/wirtschaft-tourismus/öpnv/busfahrpläne.

Neben den Linienbussen verkehren seit Herbst 2019 auch sogenannte **Rufbusse**, die täglich, auch in den Ferien und an Wochenenden, fahren. Die Busse verkehren im Festlandsbereich des Kreises in 18 Rufbusgebieten. Auch Rufbusse haben feste Haltestellen und Fahrpläne. Im Internet suchen Sie sich eine Verbindung aus, rufen spätestens 90 Minuten vor der geplanten Abfahrt in der jeweiligen Zentrale an und bestellen den Bus zu Ihrer gewünschten Haltestelle.

www.nordfriesland.de/rufbus

Bereich Nord: 048 41/674 44

- Bereich Mitte: 048 41/675 55
- Bereich Husum: 048 41/676 66
- Bereich Süd: 048 41/677 77

Eine weitere Möglichkeit bieten die sogenannten **Mitfahrbänke**, die inzwischen an vielen Orten im Landkreis zu sehen sind. Die Sitzbänke sind deutlich durch ein Haltestellenschild mit der Aufschrift „Mitfahrbank“ gekennzeichnet. Wer hier Platz nimmt, signalisiert, dass er von einem privaten Pkw kostenlos mitgenommen werden möchte. An manchen Standorten gibt es zusätzlich zur Bank noch herausklappbare Schilder, die das Ziel des Wartenden angeben.

Informationen zum Zug- und Schiffsverkehr finden Sie unter Anreise.

Öffnungszeiten

Die im Buch angegebenen Öffnungszeiten wurden während der Corona- Einschränkungen ermittelt und gelten in der Regel für die Zeit nach deren Aufhebung. Aber nicht immer war es den Verantwortlichen möglich, dafür schon verlässliche Angaben zu machen. Rechnen Sie also damit, dass die Angaben im Buch von denen in der Realität in einigen Fällen abweichen können.

Reisezeit

Wandern ist in Nordfriesland grundsätzlich zu jeder Jahreszeit möglich. Die Region liegt in der warmgemäßigten atlantischen Klimazone mit milden Wintern und etwas kühleren Sommern. Im Spätherbst, Winter und frühen Frühjahr müssen Sie allerdings mit heftigen Stürmen rechnen, die Wanderungen manchmal unmöglich machen. Allerdings sind sie meist auf nur wenige Tage beschränkt.

Während in der Sommersaison, die etwa von April bis Oktober reicht, die meisten Unterkünfte und touristischen Einrichtungen geöffnet sind, müssen Sie im Winter damit rechnen, das nicht alle Einrichtungen zur Verfügung stehen.

Sonnenschutz

An der Nordseeküste kann man besonders leicht einen Sonnenbrand bekommen, denn der kühle Wind täuscht oft über die Stärke der Sonneneinstrahlung hinweg. Hinzu kommt, dass das Wasser und der Sand zusätzlich die gefährliche UV-Strahlung reflektieren und damit ihre Wirkung verstärken. Achten Sie also unbedingt auf ausreichend Sonnenschutz, gerade auch bei Ihren Kindern, denn jeder Sonnenbrand kann später zu Hautkrebs führen.

Auch im Herbst ist die Landschaft wunderschön

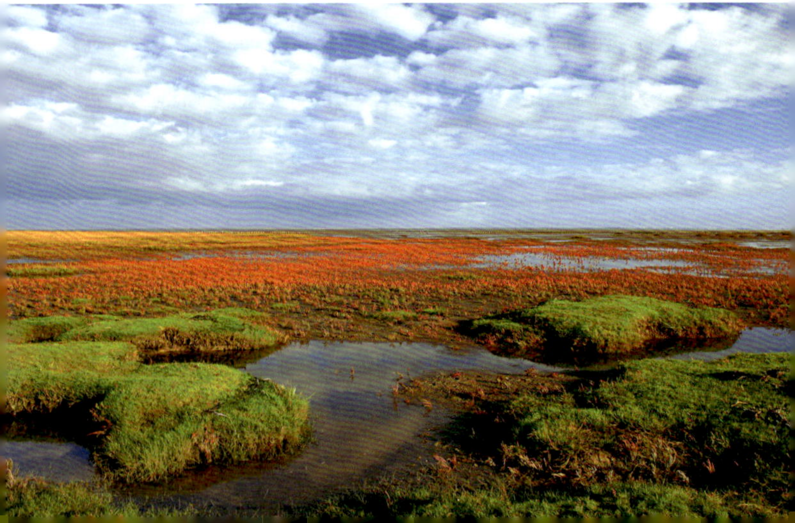

Unterkunft

Nordfriesland ist touristisch gut erschlossen, es mangelt nicht an Unterkunftsmöglichkeiten jeglicher Art. Dennoch sollten Sie vor allem in der Hochsaison und an Feiertagen bereits vor Ihrem Ausflug eine Unterkunft buchen. Besonders die touristischen Hotspots sind an solchen Tagen oft völlig ausgebucht.

Bei Planung und Buchung helfen Ihnen die lokalen Touristeninformationen (☞ bei den Wegbeschreibungen) sowie Nordfriesland Tourismus, die auch ein Unterkunftsverzeichnis herausgeben.

♦ info@nf-tourismus.de, www.nordfrieslandtourismus.de

Updates

Der Conrad Stein Verlag veröffentlicht Updates zu diesem Buch, die direkt vom Autor oder von Lesern stammen.

Bitte suchen Sie vor Ihrer Abreise auf der Verlags-Homepage www.conrad-stein-verlag.de diesen Titel. Unter dem Punkt „Updates“ finden Sie alle wichtigen Informationen. Der abgebildete QR-Code führt Sie direkt zu der richtigen Seite.

Wandern mit Kind

Nordfriesland ist mit seinen vielen Stränden besonders für Familien mit Kindern geeignet. Darüber hinaus hat der nordwestlichste Landkreis Deutschlands aber auch abseits der Strände eine Menge zu bieten, was auch für Kinder sehr attraktiv ist. Welche Touren sich besonders gut für Kinder eignen, finden Sie bei den Beschreibungen der einzelnen Wanderungen.

Wandern mit Buggy

Wandern mit Buggy ist in Nordfriesland fast überall möglich. Bei einigen der hier vorgeschlagenen Routen gibt es aber Einschränkungen, z. B. wenn die Tour längere Zeit am Sandstrand verläuft oder viele Stufen zu bewältigen sind.

Detaillierte Informationen finden Sie im Tourenteil bei den Einzelbeschreibungen.

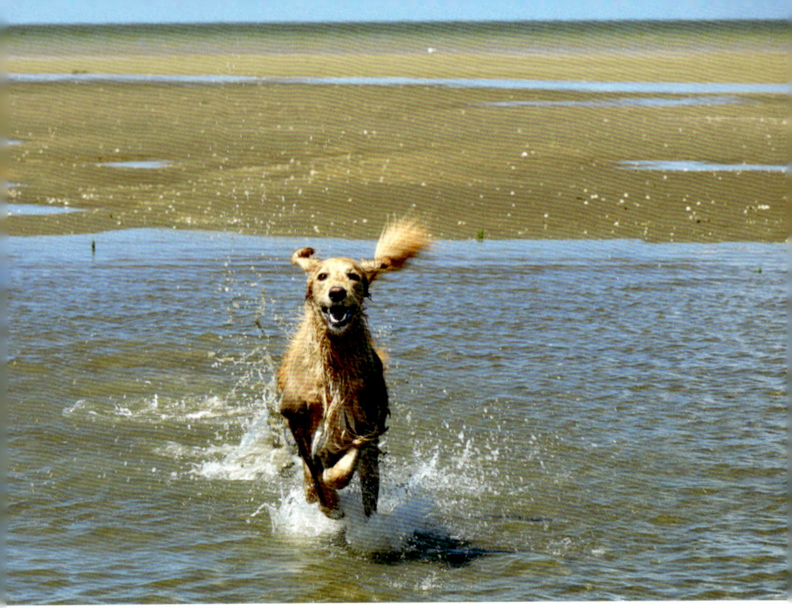

Auf den Hundestränden können sich die Vierbeiner richtig austoben

Wandern mit Hund

Die meisten der hier vorgestellten Wanderungen führen, zumindest teilweise, durch den Nationalpark Schleswig-Holsteinisches Wattenmeer oder durch Naturschutzgebiete. Hier herrscht zu jeder Jahreszeit Leinenzwang. Das gilt auch für die überwiegende Anzahl der Strände in den touristischen Hochburgen mit Ausnahme ausgewiesener Hundestrände. An einigen Stränden ist in der Sommersaison von Mitte März bis Ende Oktober die Mitnahme von Hunden gänzlich verboten. Einzelheiten finden Sie in den jeweiligen Routenbeschreibungen.

Wanderkarten und GPS

Die Routenbeschreibungen und Karten im Buch reichen für die Orientierung entlang der Wanderwege vollkommen aus. Darüber hinaus haben Sie auch die Möglichkeit, die GPS-Tracks herunterzuladen (☞ weiter unten). Wenn Sie dennoch auf zusätzliche Karten nicht verzichten möchten, rate ich Ihnen zu folgenden:

▷ Eine gute Übersicht über den gesamten Kreis Nordfriesland bietet die Freizeitkarte Nordfriesland (Maßstab 1:60.000, € 7,95) aus dem Kommunalverlag Tacken.

Spezielle Wanderkarten gibt es von mehreren Verlagen, z. B.:

- ▷ Vom Landesamt für Vermessung und Geoinformation Schleswig-Holstein die Wander- und Freizeitkarte (Maßstab 1:25.000) für Sylt (Blatt 21, € 7,50) und Amrum/Föhr (Blatt 22, € 7,50). Die Wander- und Freizeitkarten (Maßstab 1:50.000) decken das nördliche (Blatt 1, € 5,90) und südliche (Blatt 2, € 5,90) Nordfriesland ab.
- ▷ Gut und preiswert sind die Urlaubskarten aus dem SI-Verlag (Maßstab 1:12.000 bis 1:50.000, € 3-3,90). Die Karten gibt es jeweils für Sylt, Föhr, Amrum, die Halligen und Eiderstedt.

☺ Die Kartenempfehlungen wurden von der Geobuchhandlung Kiel überprüft. 💻 www.geobuchhandlung.de

Die GPS-Tracks zu den in diesem Führer beschriebenen Touren können Sie unter 💻 www.conrad-stein-verlag.de herunterladen.

📖 **GPS** *Grundlagen · Tourenplanung · Navigation* von Michael Hennemann, Conrad Stein Verlag, Basiswissen für draußen, ISBN 978-3-86686-495-5, € 9,90

Wanderzeiten

Noch ein Wort zu den im Buch angegebenen Wanderzeiten, da diese Angaben immer wieder zu Missverständnissen führen. Die Zeiten sind für einen „normalen“ Wanderer berechnet auf der Basis einer Wandergeschwindigkeit von ca. 4 km pro Stunde. Die Zeiten sind reine Gehzeiten und verstehen sich ohne jegliche Pausen. In der Praxis werden Sie abhängig von Anzahl und Länge der Pausen daher deutlich längere Zeiten für Ihre Wanderungen einplanen müssen. Sie sollten auch berücksichtigen, dass Sie bei Wanderungen entlang von Stränden oder durch Dünen wegen des sandigen Untergrunds meist mehr Zeit benötigen werden. Dies wurde bei der Angabe der Wanderzeit bei den entsprechenden Routen bereits mit einem Zeitzuschlag berücksichtigt.

Wattwandern

Obwohl ausgedehnte Wattwanderungen sehr schön und für manche Touristen der Höhepunkt eines Urlaubs an der Nordsee sind, finden Sie in diesem Buch keine Beschreibungen dazu. Das hat einen einfachen Grund: Wanderungen tief ins Watt können ohne Erfahrung und genaue Ortskenntnisse lebensgefährlich sein.

So können Priele schneller voll Wasser laufen, als man denkt, und dem Wanderer den Rückweg abschneiden. Die Strömungsgeschwindigkeit in den Prielen kann so hoch sein, dass man nicht gefahrlos durchkommt. An manchen Stellen kann das Watt sehr schlickig sein, dort besteht die Gefahr, bis weit über die Knie im Schlick zu versinken. Auch kann plötzlich ohne jegliche Vorwarnung Seenebel aufziehen und die Orientierung unmöglich machen und Gewitter sind im flachen Watt für Wanderer eine ernste Gefahr.

Wer also vorhat, weiter als nur in Strandnähe das Watt zu erkunden oder zu einer Hallig oder Insel zu wandern, sollte sich einem ortskundigen, zertifizierten Wattführer anvertrauen, der Sie sicher an Ihr Ziel und vor allem auch wieder zurückbringt.

Informationen über entsprechende Wattwanderungen und -führer erhalten Sie z. B. auf der Internetseite der Nationalpark-Wattenmeer-Partner unter https://nationalpark-partner-sh.de/natur-erleben/wattfuehrungen und auf der Seite der Schutzstation Wattenmeer unter www.schutzstation-wattenmeer.de/unsere-stationen.

Ansonsten finden Sie auch Angebote bei den örtlichen Touristinformationen.

Wattwandern von Katharina Engel, Conrad Stein Verlag, Basiswissen für draußen, ISBN 978-3-86686-094-0, € 8,90

Wichtige Begriffe

Buhne	rechtwinklig zum Strand ins Meer gebaute Reihen aus Holz, Stein, Beton oder Stahl, um die Geschwindigkeit uferparalleler Strömungen zu verringern und damit Erosion zu verhindern und Sedimente aufzubauen
Deich	Wälle, die das Hinterland bei Sturmfluten vor Überschwemmung schützen. Deiche werden meist von je einem Weg außendeichs (Treibselabfuhrweg) und binnendeichs (Deichverteidigungsweg) begleitet. Eine Überfahrt über den Deich wird Deichrampe genannt.
Grünstrand	grasige Strandabschnitte, die meist vom Deich bis an die Wattkante reichen
Grüppen	künstlich angelegte Entwässerungsgräben im Watt
Eiergrog	nordfriesische Variante des Grogs, zusätzlich zu Rum, Zucker und heißem Wasser wird ein Eigelb verquirlt

Fenne	von Gräben umschlossene Weiden in Nordfriesland
Fething	Regenwasserspeicherbecken auf Warften zur Trinkwasserversorgung von Mensch und Tier
Hallig	nicht eingedeichte Inseln im Wattenmeer Nordfrieslands, die bei Sturmfluten bis auf die Warften überflutet werden
Haubarg	rechteckige, große Ständerbauten auf der Halbinsel Eiderstedt, in denen Menschen, Tiere und Ernte in getrennten Bereichen unter einem Dach untergebracht waren
Hecktor	Weidetore in Nordfriesland
Koog (Plural: Köge)	durch Eindeichung und Entwässerung gewonnenes flaches Land auf ehemaligem Meeresboden
Lahnung	doppelte Holzpflockreihen mit verflochtenen Ästen, die im Watt in Deichnähe rechteckige Felder umschließen, wodurch die Ablagerung von Sedimenten gefördert wird
Moin	typische Begrüßung, die zu jeder Tageszeit passt
Odde	eine ins Meer ragende, lang gestreckte, oft sandige Landzunge
Pharisäer	typisch nordfriesisches Kaffeegetränk mit Zucker, Rum und Sahne
Porren	nordfriesisch für Krabben (Nordseegarnelen)
Priel	natürlicher, oft veränderlicher Wasserlauf im Watt
Pütten	künstliche Gewässer in den Wiesen, die oft als Viehtränke genutzt werden; auch größere, ehemalige Kleientnahmestellen
Salzwiese	zeitweise von der Nordsee überflutete Bereiche im Watt mit typischer, speziell angepasster Vegetation
Schöpfwerk	Pumpwerke an Sielen, um Wasser aus den Binnendeichsbereichen ins Meer zu pumpen
Siel	verschließbarer Wasserdurchlass in einem Deich
Stöpe	ein befestigter, verschließbarer Deichdurchlass, um in einen Koog zu gelangen
Tote Tante	Kakao mit Rum oder anderen Alkoholika und Schlagsahne
Vogelkoje	großräumige Vorrichtung zum Fang von Wildenten
Warft	künstlich aufgeschütteter Siedlungshügel zum Schutz vor Sturmfluten
Watt	periodisch im Wechsel von Hoch- und Niedrigwasser überflutete und wieder trockenfallende Bereiche an Küsten und Flüssen

Das Festland

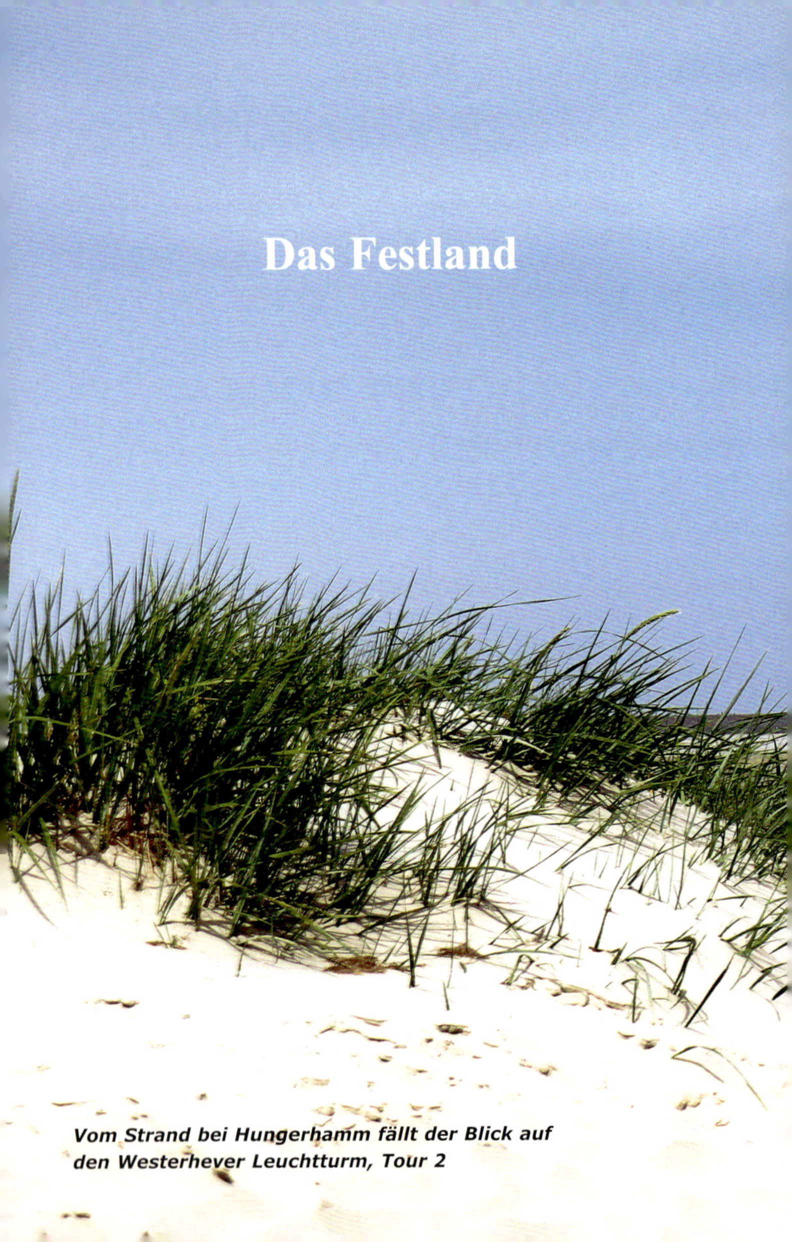

Vom Strand bei Hungerhamm fällt der Blick auf den Westerhever Leuchtturm, Tour 2

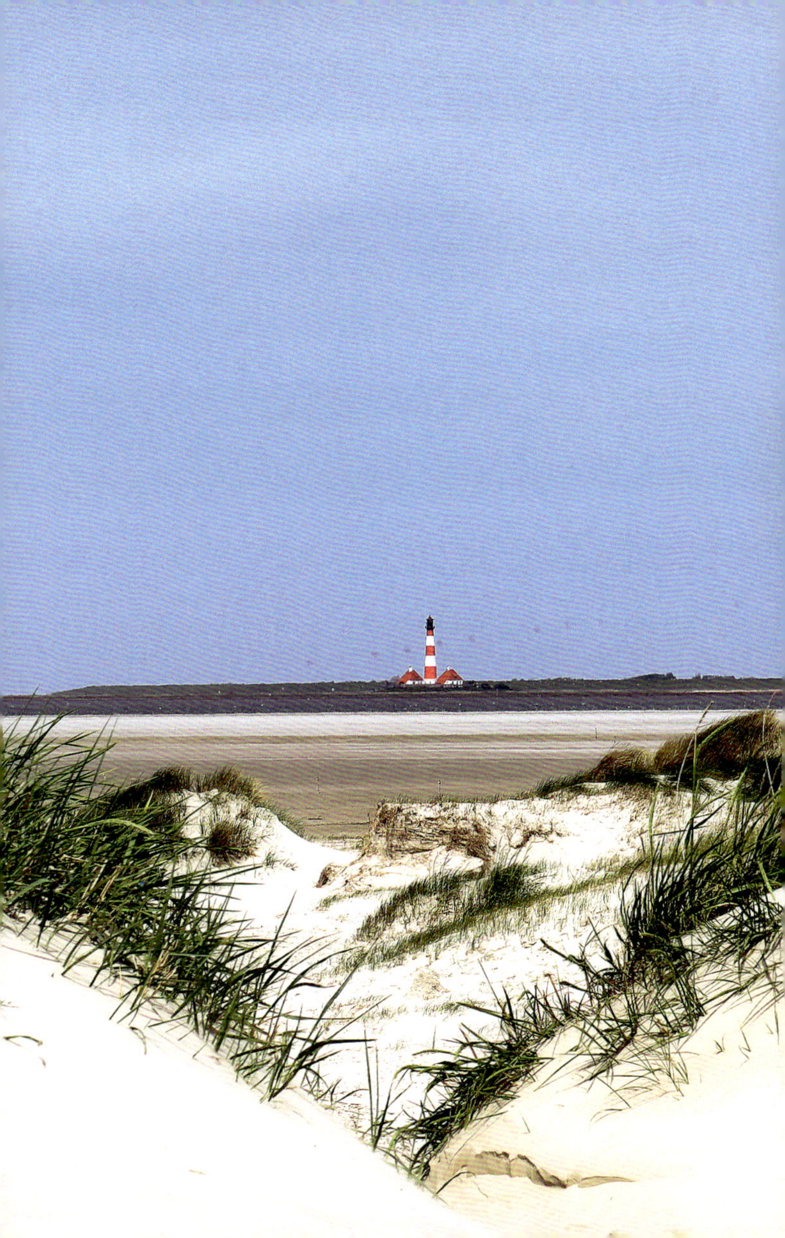

❶ Katinger Watt

Wanderung für abenteuerlustige Naturfreunde

Die Tour durch das Katinger Watt im äußersten Süden Nordfrieslands führt durch eine einzigartige Landschaft mit Laubwäldern, feuchten Wiesen und zahlreichen kleineren und größeren Gewässern. Naturliebhaber finden hier vielfältige Möglichkeiten, um auch seltene Tiere zu beobachten und Pflanzen zu entdecken. Darüber hinaus bietet der Naturerlebnisraum Katinger Watt, durch den die Wanderung auf einer Strecke von etwa 2 km führt, mit seinen abwechslungsreichen und spannenden Informations- und Spielmöglichkeiten sowie schönen Rast- und Ruheplätzen zahlreiche Highlights für Groß und Klein.

Start/Ziel: Parkplatz Eidersperrwerk Nord, GPS N 54°16.068' E 008°50.795'

14,5 km

3 Std. 30 Min.

25 m/25 m, An- bzw. Abstiege nur an den Deichen

0-10 m

keine

Die Wanderung verläuft vorwiegend auf festem Untergrund, stellenweise auf grasbewachsenen Wegen.

an Start und Ziel Fischbistro Katinger Watt1, Katingsiel Schankwirtschaft Wilhelm Andresen (km 9,6), Imbiss Aussichtspavillon am Eidersperrwerk nahe dem Start/Ziel

Rastmöglichkeiten am Schafsberg (km 4,5), Rastplatz Bodensonnenuhr (km 6,5), Parkplatz Katingsiel (km 9,5), NABU-Naturzentrum (km 10,4)

WC Toiletten am NABU-Naturzentrum Katinger Watt (km 10,4)

keine Einkaufsmöglichkeiten

keine Bademöglichkeit

Der Naturerlebnisraum Katinger Watt ist (nicht nur) für Kinder ein ganz besonderes Erlebnis.

Die Tour ist für Wanderer mit Buggy geeignet, auch wenn sie streckenweise über grasige Wege verläuft.

Hunde sind auf dem größten Teil der Strecke an der Leine zu führen.

P gebührenfreier Parkplatz am Ausgangspunkt in Katingsiel nördlich des Eidersperrwerks

keine Busverbindung

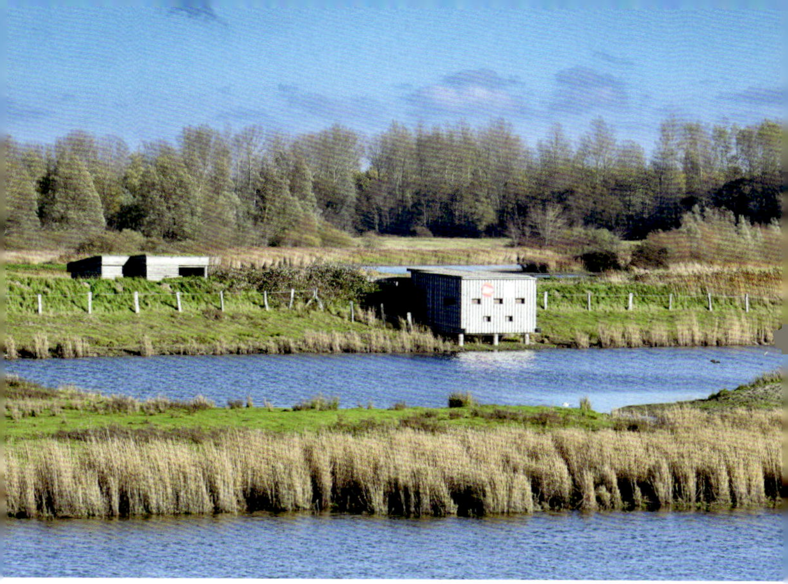

Blick auf die Beobachtungshütten im Katinger Watt

☺ Wem die Tour für seine Kinder zu lang ist, der kann eine deutlich kürzere, knapp 4 km lange Runde durch den Naturerlebnisraum Katinger Watt machen. Dazu starten Sie am Parkplatz am Schafsberg (❷, GPS N 54°17.296' E 008°53.228'). Sie folgen der Route durch den Naturerlebnisraum bis zur Abzweigung etwa 50 m hinter dem Rastplatz ❸ und gehen dort rechts. Der Waldweg bringt Sie vorbei an einem Schaubienenkasten an eine Asphaltstraße, an der Sie sich rechts halten. Nach etwa 700 m entlang der kaum befahrenen Straße sind Sie wieder zurück an Ihrem Ausgangspunkt.

Sie verlassen den Parkplatz im Osten und gehen links zur Kreisstraße K41. Auf der anderen Straßenseite befindet sich die Einfahrt zum Fischbistro Katinger Watt I.

✕ Fischbistro Katinger Watt1, Katinger Watt 1, 25832 Tönning, ☏ 048 33/425 09 96, tgl. außer Di ab 10:30, Mitte März und April bis ca. 18:30, Mai, Juni und September bis ca. 19:00, Juli und August bis ca. 19:30, Oktober bis ca. 18:00, je nach Betrieb und Wetter können die Zeiten abweichen.

Auf dem asphaltierten Fuß-/Radweg entlang der Kreisstraße gehen Sie nach Osten (vom Seedeich in die entgegengesetzte Richtung) und biegen knapp 500 m weiter rechts auf einen Kiesweg ab, der auf der anderen Seite der Straße liegt.

Der Weg geht hinter einem Parkplatz in einen schmalen Pfad über, der an einem Speicherbecken vorbeiführt. Eine Infotafel informiert, dass Sie sich jetzt in einem Natura-2000-Gebiet befinden, weshalb eine Freizeitnutzung im und auf dem Gewässer zu keiner Jahreszeit erlaubt ist und Hunde angeleint sein müssen.

Etwas weiter stoßen Sie auf den asphaltierten Eiderdeich. Von seiner Deichkrone haben Sie nach rechts einen schönen Blick auf das nahe gelegene Eidersperrwerk und über die Eider schauen Sie nach Dithmarschen, wo Sie einen großen Windpark erkennen können. Sie gehen auf dem Deich nach links zwischen dem Speichersee, auf dem Sie verschiedene Wasservogelarten beobachten können, und der im Mündungsbereich sehr breiten Eider.

Eider

Die Eider war einst mit fast 200 km längster Fluss Schleswig-Holsteins. Ihre Quellen liegen südlich von Kiel. Durch den Bau des Nord-Ostsee-Kanals wurde ihr Lauf in der Nähe Rendsburg unterbrochen und es entstanden zwei getrennte Flusssysteme, die obere Eider, die nun zum Einzugsgebiet der Elbe gehört, und die untere Eider, die weiterhin in die Nordsee mündet.

Der Fluss, der der Halbinsel Eiderstedt ihren Namen verliehen hat, war über Jahrhunderte ein wichtiger Handelsweg. Katingsiel und besonders Tönning waren blühende Hafenstädte. Heute wird die untere Eider nur noch von Freizeitskippern, Ausflugsschiffen und einigen wenigen Fischern genutzt.

Auf Ihrem Weg passieren Sie ein Siel und gelangen danach an das **Naturschutzgebiet Grüne Insel mit Eiderwatt ❶**, das sich von hier zwischen Eider und der Kreisstraße K41 nach Norden bis nach Olversum bei Tönning erstreckt. Das NSG ist vor allem für Brutvögel des Feuchtgrünlands, wie Kiebitz, Rotschenkel und Austernfischer, von Bedeutung, hat aber auch eine wichtige Funktion für rastende Vögel, die sich hier während eines Zwischenstopps auf ihrem Zug mit neuen Energiereserven versorgen können.

Auf dem Deich wandern Sie zwischen Naturschutzgebiet und Eider weiter. Nach knapp 2 km schwenkt der Deich nach links ins Landesinnere und etwa 500 m weiter, kurz vor einem Hecktor, zweigt links ein Weg ab. Auf ihm kreuzen Sie die K41 und gelangen gleich dahinter an einem Parkplatz an den **Schafsberg ❷**, auf dem ein hölzerner Aussichtsturm steht. Von ihm haben Sie einen schönen Blick nach Norden auf die Feuchtwiesen des Naturschutzgebietes.

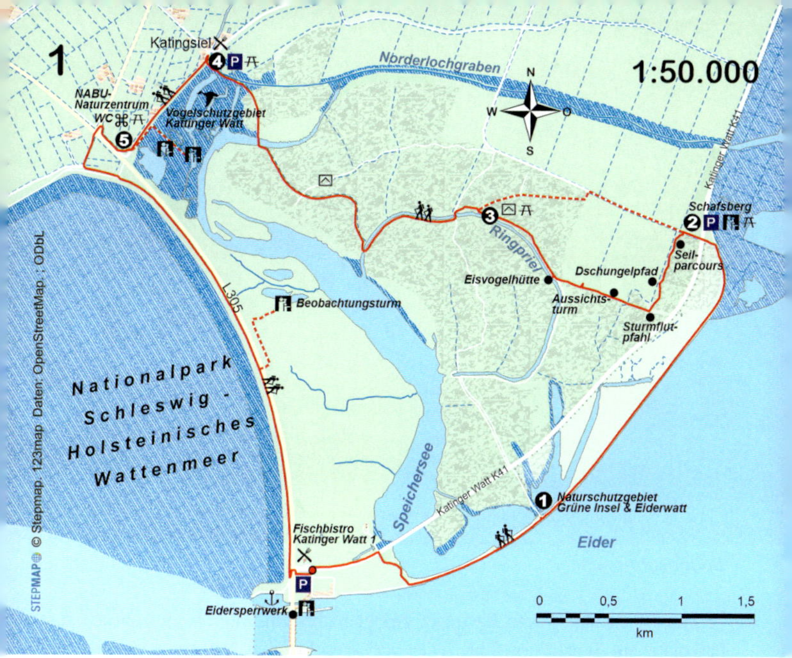

Gegenüber vom Parkplatz gelangen Sie an einem Unterstand und zahlreichen Infotafeln zum Eingang des Naturerlebnisraumes Wald – Wasser im Katinger Watt. Durch einen hölzernen Torbogen betreten Sie den Erlebnisraum und wandern durch dichten Wald auf einem Pfad an verschiedenen Stationen vorbei, wo Sie Informationen sowie zahlreiche Spiel-, Abenteuer- und Freizeitmöglichkeiten erwarten. Bei Kindern besonders beliebt sind der Seilparcours und die Dschungelfahrt.

Gleich hinter der Station Bodenwand am Flutpfahl schwenkt der Weg nach rechts und vorbei an einem Aussichtsturm und weiteren Stationen gelangen Sie an den Ringpriel, wo Sie rechts gehen und gleich links die Eisvogelhütte sehen. Die kleine Holzhütte, die über das Gewässer gebaut wurde, bietet eine gute Möglichkeit, Vögel zu beobachten. Mit Geduld und Glück können Sie sogar den schillernden Eisvogel sehen.

Von der Hütte wandern Sie am Ringpriel weiter. An der Rateschnecke und dem Keschersteg vorbei erreichen Sie einen schönen **Rastplatz ❸** mit Schutzhütte. Nur wenige Meter weiter befindet sich die Bodensonnenuhr.

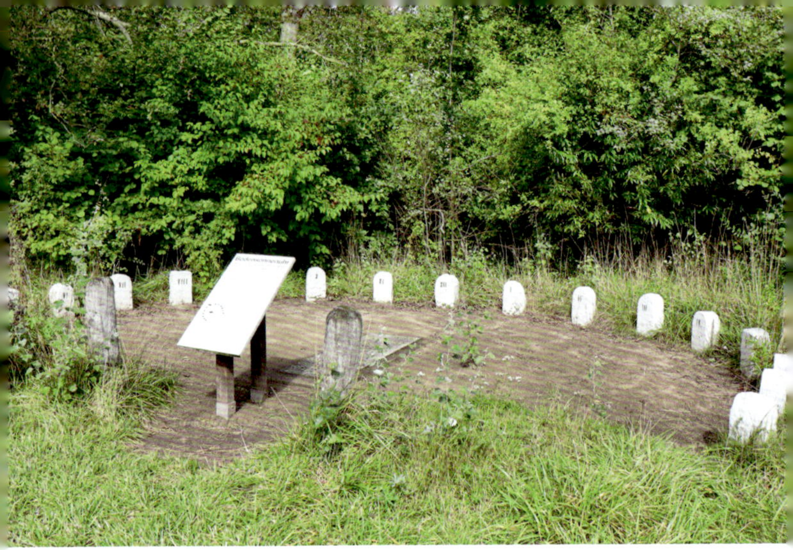

Bodensonnenuhr

Gut 50 m hinter dem Rastplatz zweigt rechts ein Weg ab, der zurück zum Parkplatz am Schafsberg führt. Hier verlassen Sie den Naturerlebnisraum und gehen geradeaus bis zum Ende des Weges weiter. Dort überqueren Sie auf der Brücke den Ringpriel und zweigen gleich dahinter rechts ab. Hier finden Sie einen ersten Hinweis auf die Schankwirtschaft Andresen, wo Erfrischungen locken. Bis dahin sind es aber noch 2,6 km.

Sie folgen dem Ringpriel und überqueren ihn nach 800 m in einer Rechtskurve erneut. Immer noch im Wald kreuzen Sie nach 700 m einen Weg. Wer Schutz vor Regen sucht, kann hier ↳ rechts zu einer in knapp 50 m Entfernung stehenden Holzhütte gehen.

Der Wanderweg führt an der Kreuzung geradeaus weiter. Durch den nun lichter werdenden Wald kommen Sie an einen breiten Graben, den Sie rechts auf einer Holzbrücke überqueren. Dahinter folgen Sie dem Weg, überqueren an einem Siel einen weiteren Graben und sind kurz darauf an einem **Park- und Rastplatz ❹** unterhalb des alten Deiches in Katingsiel.

Sie gehen nun hoch auf den Deich. Wer hier die sehr empfehlenswerte Schankwirtschaft sucht gelangt nach nur wenigen Schritten nach rechts an das historische Gebäude. Dort können Sie sich, bei gutem Wetter auch draußen, mit Pharisäer und anderen Getränken, Kuchen und kleinen Speisen verwöhnen lassen.

✕ Schankwirtschaft Wilhelm Andresen, Katingsiel 4, 25832 Tönning, ☏ 048 62/370, April-Oktober tgl. 12:00-22:00, ansonsten nur Sa und So 12:00-22:00, in den Winterferien tgl.

Die Wanderung führt auf dem Deich in entgegengesetzter Richtung (nach Südwesten) weiter. Links liegen die mit zahlreichen kleineren und größeren Gewässern gespickten Wiesen des Vogelschutzgebietes Katinger Watt und bald können Sie in den Wiesen mehrere Vogelbeobachtungshütten sehen. Den Zugang zu den Hütten finden Sie an einem kleinen Parkplatz in Höhe des rechts unten liegenden **NABU-Naturzentrums Katinger Watt ❺**. Gleich hinter dem Zugang führt die Wanderung rechts über einen Stufenweg hinunter zum Naturzentrum.

⌘ NABU-Naturzentrum Katinger Watt, Katingsiel 14, 25832 Tönning, ☏ 048 62/80 04, April-Oktober tgl. 10:00-18:00, im Winter nach tel. Vereinbarung, Erw. € 1,50, Kinder € 1, NABU-Mitglieder frei

Eingang zum NABU-Naturzentrum Kattinger Watt

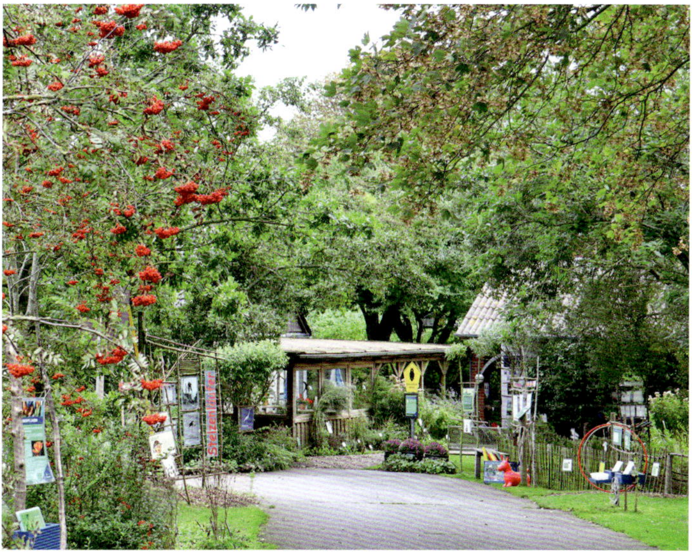

Katinger Watt

Das Mündungsgebiet der Eider wurde vor dem Bau des Eidersperrwerks (1967-1973) regelmäßig mit Salzwasser geflutet. Deich und Sperrwerk schützen das Gebiet seit mehr als 50 Jahren vor dem Eindringen von Seewasser und so sind im Laufe der Zeit aus den ehemaligen Watten und Salzwiesen inzwischen völlig andere Biotope geworden, die heute einen einzigartigen Lebensraum für viele Pflanzen und Tiere bilden. Einen Eindruck von der Vielfalt der Flora und Fauna des Gebietes erhalten Sie bei einem Besuch im NABU-Naturzentrum Katinger Watt.

Sie verlassen das Naturzentrum am Haupteingang und gehen bis zum Ende der Straße, wo Sie sich links halten und gleich die nach St. Peter-Ording führende Landstraße überqueren. Vorbei an einem Buswartehäuschen gehen Sie auf den Außendeich zu und dann links auf einer Zufahrt hinauf auf den Teerdeich. Auf der Deichkrone wandern Sie Richtung Sperrwerk. Etwa auf halber Strecke sehen Sie links noch einen Beobachtungsturm in den Wiesen, von dem Sie einen schönen Blick auf das Katinger Watt haben und zahlreiche Vögel beobachten können. Wer noch Lust und Energie hat, ↳ sollte ihm einen Besuch abstatten. Mit Glück können Sie sogar einen Seeadler entdecken.

Die Wanderung endet kurz vor dem Sperrwerk, wo Sie den Deich verlassen und nach wenigen Schritten wieder zurück an Ihrem Ausgangspunkt sind.

☺ ↳ Ein besonderes Schauspiel können Sie im Frühjahr an den beiden Aussichtspunkten an der Nord- und Südseite des Sperrwerks erleben, wo neben Lachmöwen auch eine große Kolonie Seeschwalben unter ohrenbetäubendem Lärm brütet. Wer sich zu nahe an die Vögel heranwagt, wird von ihnen heftig attackiert und mit Kot „beschossen". Auf der Südseite finden Sie auch den Aussichtspavillon am Eidersperrwerk, einen beliebten Imbiss mit Außengastronomie und schönem Blick auf die Eider.

✕ Aussichtspavillon am Eidersperrwerk, Am Eidersperrwerk Südseite, 25764 Wesselburenerkoog, ☏ 048 33/25 87, tgl. ab 9:00, Mitte März und April bis ca. 19:00, Mai, Juni und September bis ca. 19:30, Juli und August bis ca. 20:00, Oktober bis ca. 18:30, je nach Betrieb und Wetter können die Zeiten abweichen

❷ St. Peter-Ording

Rundtour für Liebhaber ausgedehnter Sandstrände

St. Peter-Ording ist das Seebad mit den meisten Übernachtungen in ganz Schleswig-Holstein und darüber hinaus auch bei Tagesausflüglern sehr beliebt. Die Strände, vor allem der Ortsteile Ording und Bad, sind riesengroß, sodass der Werbeslogan von „Deutschlands größter Sandkiste" nicht übertrieben erscheint. Ein Bild von den gewaltigen Ausmaßen können Sie sich auf dieser Rundwanderung machen, die entlang der touristisch voll erschlossenen Strände mit ihren zahlreichen Freizeitmöglichkeiten führt.

↻ Start/Ziel: Parkplatz Ording, GPS N 54°20.070' E 008°36.210'

➲ 12,2 km

⌛ 3 Std. 30 Min.

↑↓ 35 m/35 m, nur kurze An- bzw. Abstiege in den Dünen

⇧ 0-20 m

Zum Drachenfestival in St. Peter Ording reisen Besucher aus ganz Deutschland an

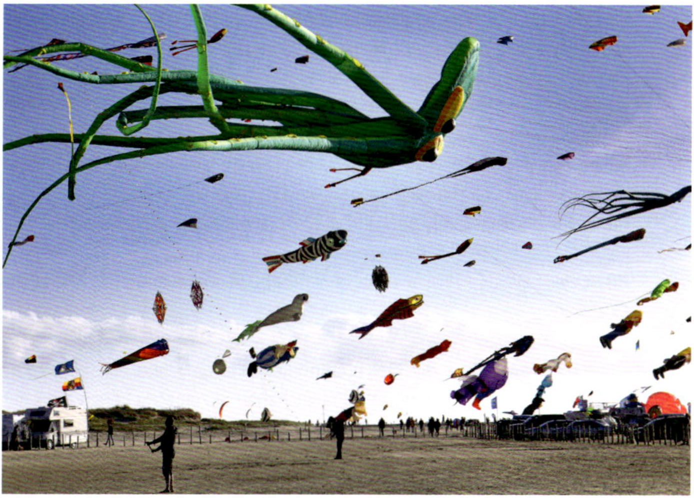

keine

Die Wanderung verläuft zum größten Teil am Sandstrand, der aber meist sehr festen Untergrund bietet, ansonsten auf einem asphaltierten Fuß-/Radweg, auf grasiger Deichkrone und auf einem kurzen Abschnitt durch Dünen auf losem Sand.

in den Ortsteilen Ording und Bad zahlreiche Einkehrmöglichkeiten, direkt am Weg Strandcafé Silbermöwe (km 5,6), Strandbar 54° Nord (km 6,5), Restaurant Arche Noah (km 8,5) und Gosch Buhne 1 (km 9,5)

entlang des Strandes Rastmöglichkeit im Sand, ansonsten zahlreiche Bänke, besonders schöne Rastmöglichkeit am Aussichtspunkt hinter dem Strandzugang Köhlbrand ❺ (km 11,2)

WC an Start und Ziel, am Parkplatz Hungerhamm (km 0,9) sowie am Strand (km 5,5, 6,3 und 8,4)

direkt am Weg keine, Geschäfte jeder Art in St. Peter-Bad und den anderen Ortsteilen

Bademöglichkeiten entlang des Strandes, Dünen-Therme leicht abseits des Weges in St. Peter-Bad

Für Kinder ist der Abschnitt entlang des Strandes mit vielen Beschäftigungsmöglichkeiten sehr attraktiv.

Eine kurze Strecke am Strandzugang Hungerhamm ❶ ist tief sandig. Ebenso ist der Wegabschnitt hinter der Aussichtsplattform für Buggys ungeeignet. Diesen können Sie umgehen, indem Sie am Strandzugang Köhlbrand ❺ an den Strand gehen und dort rechts wieder zu Ihrem Ausgangspunkt zurücklaufen.

Hundestrand am Hungerhamm gleich hinter dem Strandzugang ❶. Ansonsten müssen Hunde an der Leine geführt werden.

Gebührenpflichtiger Parkplatz am Strandzugang Ording, dort kann auch direkt am Strand geparkt werden (ebenfalls gebührenpflichtig), weiterer gebührenpflichtiger Parkplatz Hungerhamm (beim Strandzugang ❶).

Haltestelle „Ordinger Deich“ an Start/Ziel (Ortsbus zum Bahnhof mit Gästekarte freie Fahrt)

RB St. Peter-Ording – Husum, Bahnhof St. Peter-Bad etwa 1 km von der Seebrücke ❹ entfernt.

Vom Parkplatz gehen Sie die Deichrampe links aufwärts und auf der Deichkrone weiter in nördlicher Richtung. Nach links haben Sie einen schönen Blick auf den breiten Ordinger Strand und im Norden sehen Sie in einiger Entfernung den bekannten Westerhever Leuchtturm.

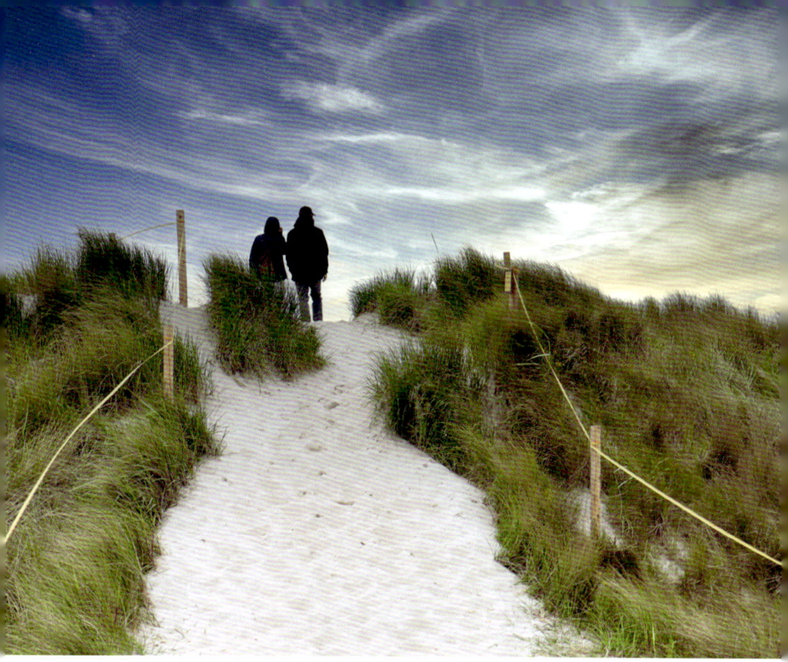

Abenddämmerung in den Dünen im Ortsteil Ording

Nach einiger Zeit schwenkt der Deich nach Osten. Hinter der Kurve kommen Sie an eine Betontreppe, die links hinunter zu einem Holzplankenweg führt, den **Strandzugang Hungerhamm ❶**. Rechts voraus in etwa 50 m Entfernung sehen Sie den Parkplatz Hungerhamm.

Über den Plankenweg gelangen Sie auf den nördlichen Teil des Ordinger Strandes, der je nach Wasserstand bis zu 1,5 km breit ist. Vor Ihnen liegt deutlich markiert die großflächige Hundeauslauffläche, die bis zur Wasserkante reicht.

Bei Niedrigwasser erstreckt sich der Strand noch gut 2 km nach Norden. Auf Ihrem Weg dorthin haben Sie die Meeresbucht vor dem Tümlauer Koog und den Westerhever Leuchtturm im Blick, der mit jedem Schritt immer näher kommt.

Von der Nordspitze wandern Sie entlang der Wasserkante nach Süden. Sie passieren die Hundeauslauffläche und einen Strandabschnitt, wo sich bei guten Winden zahlreiche Kite-Surfer tummeln, die mit spektakulären Manövern und riskanten Sprüngen, die sie mehr als 10 m hoch in die Lüfte tragen, ein faszinierendes Schauspiel bieten.

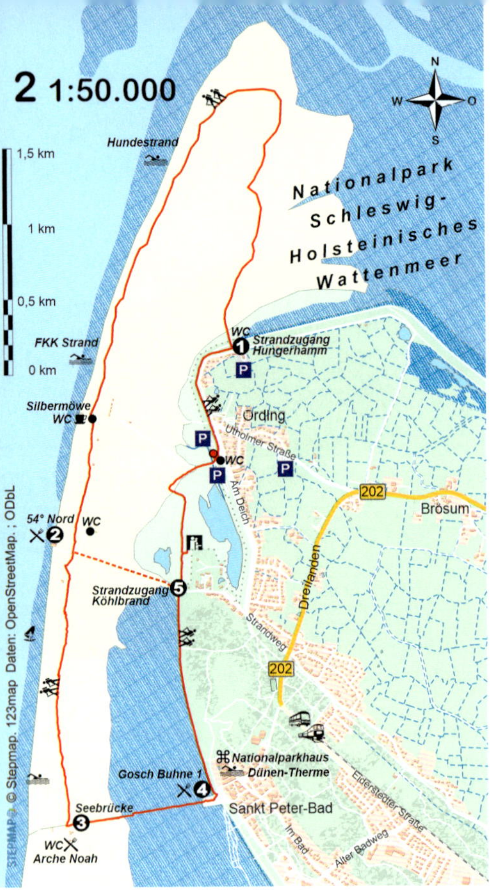

Dann passieren Sie den FKK-Bereich (den Sie auch bekleidet betreten dürfen) und erreichen am Strandparkplatz die ersten Pfahlbauten mit Strandaufsicht, Toiletten und Strandkorbverleih. Hier finden Sie auch das Strandcafé/Restaurant Silbermöve.

✕ Strandcafé/Restaurant Silbermöve, Ordinger Strand, 25826 St. Peter-Ording, ☏ 048 63/12 22, 🚪 März-Ende Oktober tgl. 11:00-18:00, wetterbedingte Änderungen vorbehalten

Sie passieren einen weiteren Pfahlbau, der etwas abseits der Wasserkante auf der linken Seite liegt. Das markante Gebäude mit seinen vier Häuschen beherbergt u. a. die Strandaufsicht und WCs.

Der nächste Pfahlbau, der auch bei Niedrigwasser oft im Wasser steht, ist nicht weit entfernt. Auf seiner Plattform steht die **Strandbar 54° Nord ❷**. Auf dem Weg zum Restaurant finden Sie wenige Meter vor dem Restaurant auch einen zugehörigen Imbiss. Wer hier den Strand verlassen möchte, ↳ geht nach links zum Strandzugang Köhlbrand (☞ ❺).

✕ Strandbar 54° Nord, Ordinger Strand, 25826 St. Peter-Ording, ☏ 048 63/47 81 75, 🚪 Restaurant tgl. 11:30-20:00, Imbiss ab ca. 12:00, Restaurant und Imbiss im Winter geschlossen, wetterbedingte Änderungen vorbehalten

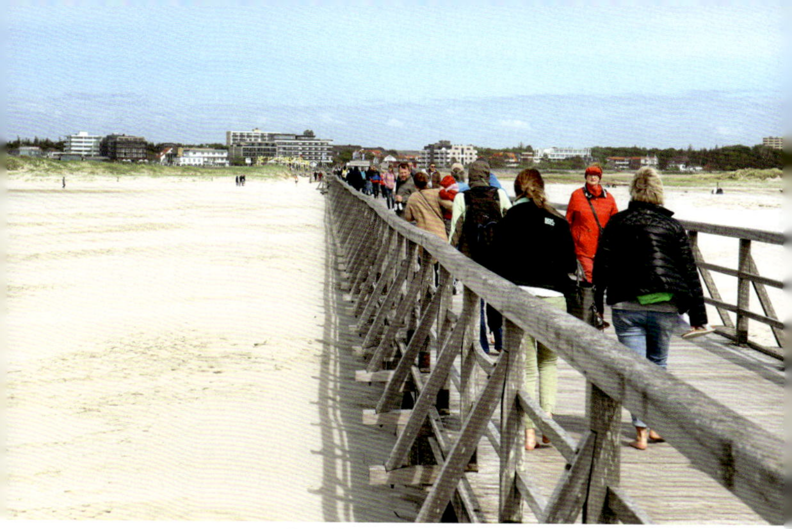

Die über 1 km lange Seebrücke im Ortsteil Bad

Dahinter betreten Sie das Gebiet der Strandsegler und Kitebuggy-Fahrer, die mit hohem Tempo über den Strand flitzen und mit gewagten Wenden oder Halsen abrupt die Richtung ändern. Sie müssen nun eine längere „Durststrecke" überstehen. Erst knapp 2 km hinter der Strandbar 54° Nord stoßen Sie mit dem Restaurant Arche Noah auf die nächste Verpflegungsmöglichkeit.

✕ Arche Noah, An der Seebrücke, 25826 St. Peter-Ording, ☏ 048 63/47 83 78, tgl. 11:00-22:00, wetterbedingte Änderungen vorbehalten

Um weitere Pfahlbauten mit Strandaufsicht und WC gruppieren sich zahlreiche Strandkörbe.

Hier verlassen Sie den Strand auf der 1.089 m langen **Seebrücke ❸**, die Sie ins touristische Herz des Ortsteils Bad bringt. Am Ende der Seebrücke passieren Sie das Restaurant **Gosch Buhne 1 ❹** und gelangen auf eine große Freifläche, wo wechselnde Veranstaltungen durchgeführt werden.

✕ Gosch Buhne 1, Buhne 1, 25826 St. Peter-Ording, ☏ 048 63/478 50 90, tgl. 11:00-22:00

Nach rechts geht es zur Promenade.

Geradeaus kommen Sie nach kurzem Weg ins Zentrum von St. Peter-Bad, wo Sie auch die Tourist-Info, das Nationalparkhaus St. Peter-Ording mit einer Ausstellung rund um das Thema Nationalpark Wattenmeer und das Freizeit- und Erlebnisbad Dünen-Therme finden.

Tourist-Info St. Peter-Bad, Maleens Knoll 2, 25826 St. Peter-Ording, ☏ 048 63/99 90, www.st-peter-ording.de, Mo-Fr 9:00-17:00, Sa und So 10:00-16:00, Feiertage 11:00-14:00

Nationalparkhaus St. Peter Ording, Maleens Knoll 2, 25826 St. Peter-Ording, ☏ 048 63/950 42 54, www.schutzstation-wattenmeer.de/stationen/st-peter-ording/nationalpark-haus.spo, Mo-Fr 10:00-17:00, Sa und So 11:00-16:00, Eintritt frei

Dünen-Therme, Maleens Knoll 2, 25826 St. Peter-Ording, ☏ 048 63/99 91 61, www.st-peter-ording/duenentherme, April-Oktober tgl. 10:00-22:00, November-März tgl. 14:00-22:00, Sa und So schon ab 10:00, Erw. ohne/mit Sauna ab € 9,50/ab € 16, Kinder und Jugendliche ab € 6,50/ab € 13

Der Wanderweg führt von Gosch nach links auf einen breiten, asphaltierten Fuß-/Radweg, auf dem Sie gleich an einem Flutpfahl vorbeikommen. Links breitet sich ein großes Röhrichtfeld aus und rechts liegen Dünen, die z. T. bewaldet sind.

Am Ende des Weges passieren Sie eine Wiese, auf der Strandsegler, Kitebuggys und kleinere Katamarane „geparkt“ werden.

Am Strandzugang **Köhlbrand ❺** gehen Sie geradeaus weiter an dem rechts liegenden Fahrradparkplatz vorbei. Der unbefestigte Weg führt von Heckenrosen gesäumt durch die Dünen. Nach 250 m erreichen Sie eine Holztreppe, auf der Sie zu einer Aussichtsplattform kommen. Von oben haben Sie einen fantastischen Blick in alle Richtungen. Nach Westen schauen Sie über die Dünen mit einem eingebetteten Dünensee auf die Strände von Ording und Bad. Nach Norden können Sie gleich links neben dem Kirchturm der Ordinger Kirche in der Ferne den Leuchtturm von Westerhever erkennen. Das Gebäude im Osten ist eine Wetterwarte. Ein sehr schöner Platz für eine Rast.

Wieder unten an der Treppe setzen Sie Ihren Weg nach rechts fort, nun auf einem schmalen, stellenweise sandigen Pfad, an dessen Ende Sie durch tiefen Sand zwei Dünen erklimmen müssen. Dahinter sind Sie wieder am Strandparkplatz, wo Sie Ihr Auto suchen können. Wenn Sie auf dem Parkplatz vor dem Kassenhäuschen gestartet sind, gehen Sie auf der Zufahrt nach rechts bis zu Ihrem Ausgangspunkt am Parkplatz.

③ Leuchtturm Westerheversand

Wanderung für Strand- und Badefans sowie Leuchtturmliebhaber

Ein Besuch des weithin bekannten Leuchtturms Westerheversand gilt bei den meisten Urlaubern an der nordfriesischen Küste als absolutes Muss. Die hier vorgestellte Wanderung führt nicht nur zum Leuchtturm, sondern auch auf die vorgelagerte, je nach Wasserstand bis zu 2 km breite Sandbank mit ihren einmaligen Bademöglichkeiten. Darüber hinaus wandern Sie durch typische Salzwiesen und finden entlang des Weges zahlreiche nützliche Infotafeln. Den Abschluss bildet der Weg über den schmalen, historischen Stockenstieg, der früher die einzige feste Verbindung vom Festland zum Leuchtturm war.

Start/Ziel: Parkplatz am Info-Hus, GPS N 54°23.039' E 008°39.172'

7,6 km

2 Std. 15 Min.

25 m/25 m, keine nennenswerten An- bzw. Abstiege

0-10 m

teilweise Wegweiser, auf der Sandbank in kurzen Abständen Holzpfosten

Der größte Teil der Wanderung verläuft auf befestigten, autofreien Wegen sowie über relativ festen Sand auf der Sandbank.

An Start und Ziel das Bistro Bi Silke & Theo und der Schäfermarkt Hinz. Wer ein gutes Restaurant mit Eiderstedter Küche sucht, dem sei der Kirchspielkrug in Westerhever empfohlen. Er befindet sich etwa 1,5 km vor dem Parkplatz an der Westerhever Kirche (Kirchspielkrug Westerhever, Dorfstr. 7, 25881 Westerhever, ☏ 048 65/901 43, Di-So 10:00-21:30).

am Start und am Leuchtturm Rastmöglichkeiten (km 5,6) sowie im Sand auf der Sandbank (ab km 1,3)

WC an Start und Ziel sowie am Leuchtturm (km 5,6)

begrenzte Auswahl an regionalen Produkten (z. B. Lammfleisch) sowie Bücher und Geschenkartikel an Start und Ziel

Bademöglichkeit an der großen Sandbank (je nach Wasserstand ab km 1,5)

Die kurze Tour ist für Kinder wie gemacht. Die riesige Sandbank mit ihren vielfältigen Beschäftigungsmöglichkeiten, der Leuchtturm und nicht zuletzt der Stockenstieg sind auch für die Kleinen beliebte Attraktionen.

Das Befahren des Stockenstiegs mit Buggys (und auch mit Fahrrädern und Bollerwagen) ist verboten. Wer mit einem Buggy unterwegs ist, geht vom Leuchtturm auf demselben Weg wieder zurück.

Hunde sind ganzjährig an der kurzen Leine zu führen.

kostenpflichtiger Parkplatz am Info-Hus

Haltestelle „Leuchtturm, Westerhever“, Linien 1073 (von Husum über Garding) und 1074 (von Garding), beide nur werktags

Der Stockenstieg ist nur im Sommer vom 1. Juni bis 30. September geöffnet und kann bei Hochwasser auch in dieser Zeit geschlossen sein. Bei geschlossenem Stieg bleibt nur der Rückweg auf der Hinwegsroute.

Beim Imbiss Bi Silke & Theo können Sie Fahrräder leihen, Vorbestellung unter 01 70/105 61 70.

Die Wanderung beginnt am Parkplatz am Info-Hus des Tourismusvereins Westerhever-Poppenbüll. Hier finden Sie auch den Imbiss am Deich und den Schäfermarkt Hinz, wo Sie alles rund ums Schaf kaufen können.

Info-Hus des Tourismusverein Westerhever-Poppenbüll, Ahndelweg, 25881 Westerhever, ☏ 048 65/12 06, Mitte März-Oktober tgl. von 10:00-17:00, Eintritt frei

Imbiss am Deich Bi Silke & Theo, Ahndelweg, 25881 Westerhever, 01 70/105 61 70, April-Oktober Fr-Mi von 11:00-18:00, Do geschlossen

Schäfermarkt Hinz, Ahndelweg, 25881 Westerhever, ☏ 048 65/901 39 10, März-Oktober tgl. von 10:00-16:00, witterungsbedingt kann auch in dieser Zeit geschlossen sein.

Sie gehen Richtung Nordseedeich, dort links und gleich rechts durch das Hecktor hinauf auf den Deich. Von oben haben Sie einen wunderbaren Blick auf den Leuchtturm, die Salzwiesen und die Nordsee.

Sie verlassen die Deichkrone auf dem befestigten Weg, halten sich unten rechts und gehen gleich wieder links. Sie passieren eine kleine, wissenschaftliche Probefläche, die durch einen Zaun vor Beweidung geschützt ist. Infotafeln informieren über die Pflanzen der Salzwiesen. Knapp 200 m weiter erreichen Sie eine **Abzweigung ❶**, die nach links zum Leuchtturm führt. Die Wanderung führt zunächst aber weiter geradeaus zur Sandbank und Badestelle. Die Sandbank erreichen Sie nach etwa 200 m. Holzpfosten, die in kurzen Abständen in den Sand gerammt wurden, führen zur **Rettungsbarke ❷**, die etwa 1,5 km entfernt ist. Je nach Wasserstand steht Ihnen eine riesige Sandfläche zur Verfügung.

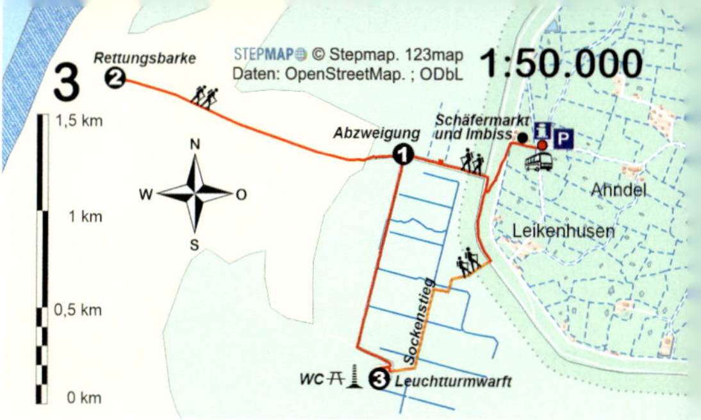

Denken Sie aber bei auflaufendem Wasser rechtzeitig an den Rückweg.

Wieder zurück an der Abzweigung wandern Sie rechts in südlicher Richtung auf den Leuchtturm zu, folgen nach 1 km dem befestigten Weg nach links und stehen nur wenig weiter am Fuß der **Leuchtturmwarft ❸**. Hier finden Sie einen Rastplatz, Toiletten und die Schutzstation Wattenmeer Westerhever.

Leuchtturm Westerheversand

Der 41,5 m hohe Leuchtturm auf dem Westerheversand ist das wohl meistfotografierte Seezeichen Deutschlands und eines der meistgebrauchten Werbesymbole. Der Turm mit den beiden ehemaligen Leuchtturmwärterhäusern gilt als Wahrzeichen der nordfriesischen Küste. Er wurde 1907 auf 127 Eichenpfählen erbaut, die fast 8 m in den weichen Untergrund getrieben wurden. Der Schaft des rot-weiß gestreiften Turmes besteht aus 600 gusseisernen Platten, die miteinander verschraubt sind. Das Leuchtfeuer dient der Schifffahrt noch heute als Leit- und Quermarkenfeuer. Es hat eine Reichweite von nahezu 40 km.

Seit 1979 ist das Leuchtfeuer automatisiert und die letzten Leuchtturmwärter sind ausgezogen. Den frei gewordenen Platz im Südhaus hat die Schutzstation Wattenmeer Westerhever eingenommen. Hier wohnen und arbeiten ganzjährig Freiwillige, die Naturschutzarbeit, wie z. B. Vogelzählungen, Kartierungen und Gebietskontrollen, durchführen sowie Öffentlichkeitsarbeit leisten. Dazu gehören Seminare und Wanderungen.

Leuchtturm Westerheversand, Führungen mit Turmbesteigung Ostersonntag-Ende Oktober Mo, Mi und Sa mehrmals tgl., Kartenverkauf nur im Info-Hus Westerhever, besonders im Sommer sollten Sie sich rechtzeitig im Voraus Karten besorgen; aus Sicherheitsgründen können Kinder unter 8 Jahren den Turm nicht besteigen.

⌘ Infos zu Veranstaltungen der Schutzstation Wattenmeer u. a. im Info-Hus oder unter www.schutzstation-wattenmeer.de/unsere-stationen/westerhever

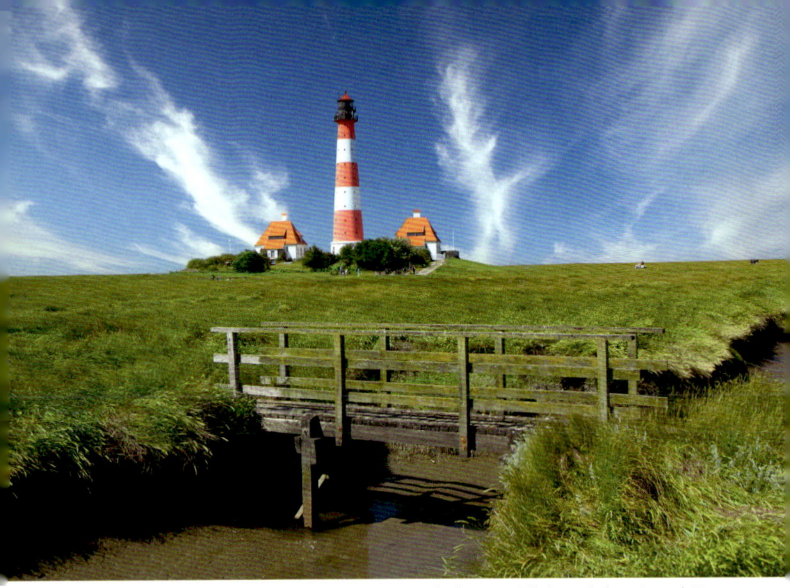

Vom Stockenstieg hat man einen wunderbaren Blick auf den Leuchtturm

Den Rückweg treten Sie auf dem historischen Stockenstieg an.

↳ Wenn er gesperrt ist, müssen Sie auf der Hinwegsroute zurück.

Den Eingang zum Stockenstieg finden Sie schräg gegenüber dem Aufgang zur Warft.

Stockenstieg

Der historische Stockenstieg, ein nur 45 cm breiter, mit Ziegeln gepflasterter Weg, wurde im Zuge des Leuchtturmbaus errichtet. Er war lange Zeit die einzige Verbindung vom Festland zum Leuchtturm. Der heute unter Denkmalschutz stehende Weg ist Sturmfluten und Eisgang ausgesetzt und muss häufig repariert werden. Um die Schäden durch Besucher möglichst gering zu halten, gibt es einige Regeln. So darf der Stieg nur in einer Richtung vom Leuchtturm zum Deich begangen werden. Es dürfen keine Fahrräder, Kinderwagen oder Bollerwagen mitgenommen werden. Der Stieg darf nicht verlassen werden, die angrenzenden Flächen dürfen nicht betreten werden. Überholen ist daher nicht möglich.

Der schmale Weg führt durch die Salzwiesen, ab und an flattert ein aufgescheuchter Wiesenvogel davon. Nach einer Rechts- und wenig später einer Linkskurve überqueren Sie auf einer Holzbrücke einen breiteren Entwässerungsgraben. Es lohnt sich, spätestens hier einen Blick zurück zum Leuchtturm zu werfen. Mit der Holzbrücke im Vordergrund und den umgebenden Salzwiesen ist er ein beliebtes Fotomotiv.

Im Winter und bei Hochwasser ist der Stockenstieg gesperrt

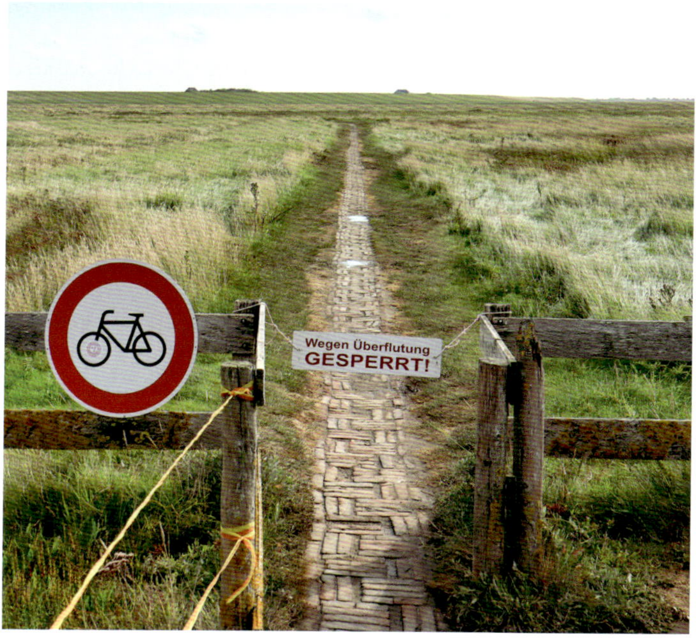

Etwa 300 m hinter der Brücke endet der Stockenstieg an dem asphaltierten Treibselabfuhrweg. Sie gehen links und stoßen nach knapp 400 m an die Deichzufahrt, die Sie bereits vom Hinweg kennen. Hier gehen Sie rechts über den Deich und sind in kurzer Zeit wieder zurück an Ihrem Ausgangspunkt.

4 Wildes Moor und sanfte Treene

Wanderung für ruhesuchende Freunde naturnaher Landschaften

Die Wanderung durch das Wilde Moor und entlang der Treene ist vor allem etwas für Menschen, die abseits der touristischen Hotspots Ruhe und Einsamkeit suchen. Das Wilde Moor, ein ungestörtes, über 700 ha großes Hochmoor, wird nur von wenigen Touristen aufgesucht, sodass Sie oft ganz allein durch das Gebiet streifen können und Ruhe und Muße haben, hochmoortypische Pflanzen zu entdecken und seltene Vögel zu beobachten. Ruhig geht es auch im zweiten Teil an der idyllisch, in weiten Schleifen durch Wiesen und Weiden fließenden Treene zu.

Start/Ziel: Parkplatz bei Hollbüllhuus, GPS N 54°24.397' E 009°14.075'

9,9 km

2 Std. 30 Min.

25 m/25 m

0-20 m

keine

Die Wanderung verläuft je etwa zur Hälfte auf grasigen und auf befestigten Wegen, nach länger anhaltenden Regenfällen können die Graswege tief matschig sein.

keine Einkehrmöglichkeiten

Rastplatz Treene (km 4,6)

WC keine Toiletten

keine Einkaufsmöglichkeiten

Bademöglichkeit etwa 5 km abseits des Weges im Treenefreibad Schwabstedt (An der Treene 2, 25876 Schwabstedt, tgl. 7:00-21:00, Erw. € 2, Kinder, Jugendliche, Studenten € 1). Die Badestelle gilt als unbewacht, da die DLRG-Aufsicht nicht ständig vor Ort ist.

Für Kinder gibt es während der Wanderung keine besonderen Höhepunkte. Wenn man sie aber mit einem Besuch des Storchendorfs Bergenhusen (knapp 10 km östlich) und/oder einem Bad im Treenefreibad Schwabstedt (s. o.) verbindet, wird der Ausflug auch für die Kleinsten zu einem schönen Erlebnis.

Die Tour ist für Wanderer mit Buggy geeignet, auch wenn sie streckenweise über grasige Wege verläuft.

Hunde sind im Naturschutzgebiet an der Leine zu führen.

P gebührenfreier Parkplatz am Ausgangspunkt an der K31 250 m nordwestlich von Hollbüllhuus

keine Busverbindung

Vom Parkplatz gehen Sie an der Informationstafel vorbei auf den Feldweg, der zwischen Äckern in das Moor führt. An einem breiten Graben betreten Sie das Naturschutzgebiet Wildes Moor.

Wildes Moor bei Schwabstedt

Das Moor bei Schwabstedt, das vom Verein für Naturschutz und Landschaftspflege Mittleres Nordfriesland betreut wird, steht seit 1992 unter Naturschutz. Schon 10 Jahre zuvor wurde damit begonnen, das Moor aus der Bewirtschaftung zu nehmen und durch den Bau neuer Dämme wieder zu vernässen, sodass bis heute wieder ein mehr oder weniger ursprüngliches Hochmoor zurückgewonnen werden konnte.

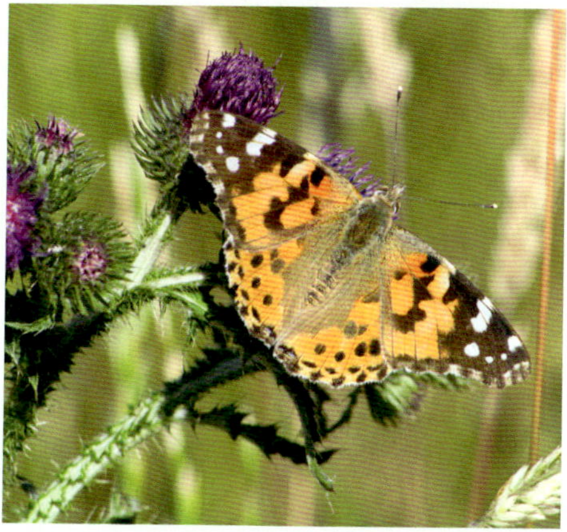

Kleinod am Wegesrand, ein Distelfalter

Das Hochmoor, das eine Nord-Süd- und West-Ost-Ausdehnung von jeweils knapp 4 km hat, ist erst nach der letzten Eiszeit vor etwa 10.000 Jahren auf ehemals verlandeten Gewässern durch Torfbildung aufgewachsen. Überleben können auf diesen durch Torfmoose entstandenen riesigen Polstern nur Spezialisten, die mit sauren Verhältnissen, wenig Nährstoffen und hohen Wasserständen zurechtkommen. Typische Hochmoorpflanzen, die Sie im Wilden Moor entdecken können, sind z. B. Wollgras, Rosmarinheide, Moosbeere und der Rundblättrige Sonnentau, der Insekten fangen und verdauen kann und damit seinen Stickstoffhaushalt aufbessert.

Auch die Fauna ist moortypisch. Insekten, von denen besonders die vielen Schmetterlinge und Libellen auffallen, Amphibien (z. B. Moorfrosch), Reptilien (z. B. Kreuzotter) und vor allem Vögel (z. B. Bekassine und Kranich) haben hier einen Lebensraum gefunden, den es sonst in Schleswig-Holstein kaum noch gibt.

Zunächst ist die Sicht auf das Moor durch niedrige Bäume und Büsche links und rechts des Weges noch eingeschränkt. Sie passieren den links liegenden Eingang zum Moorlehrpfad, der allerdings aus Sicherheitsgründen bis auf Weiteres nicht betreten werden darf.

☺ Die Arbeiten zur Erneuerung des maroden Holzstegs wurden im Juni 2020 ausgeschrieben. Wenn sich eine Firma findet, die diese zu den ausgeschriebenen Bedingungen ausführt, soll er nach Ende der Brutzeit 2020 erneuert werden und wäre dann Ende 2020/Anfang 2021 wieder begehbar.

Kurz bevor der Lehrpfad wieder auf den Hauptweg trifft, kommen Sie in offenes Gelände und vor Ihnen breitet sich das Moor in seiner ganzen Pracht aus.

Aus der Beobachtungshütte hat man einen guten Überblick über das Wilde Moor

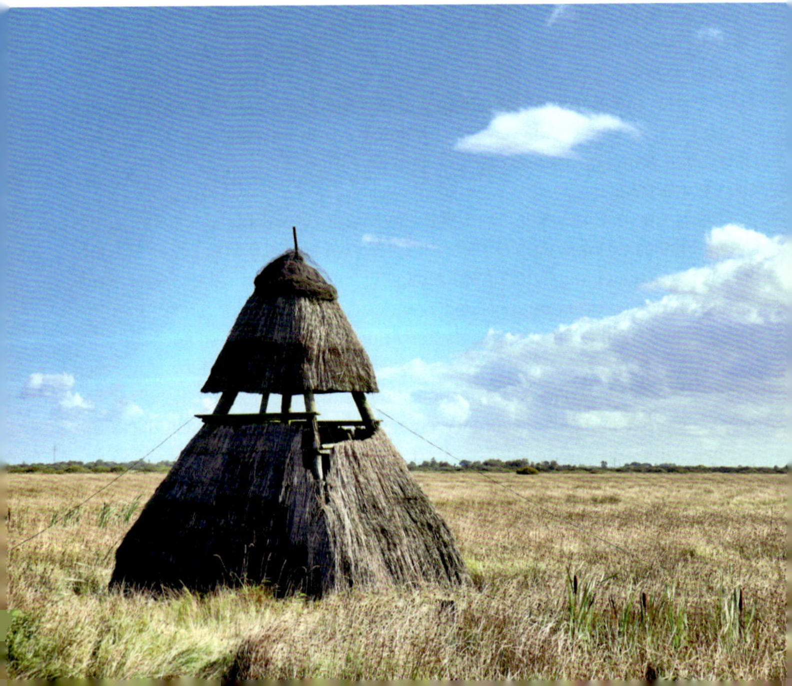

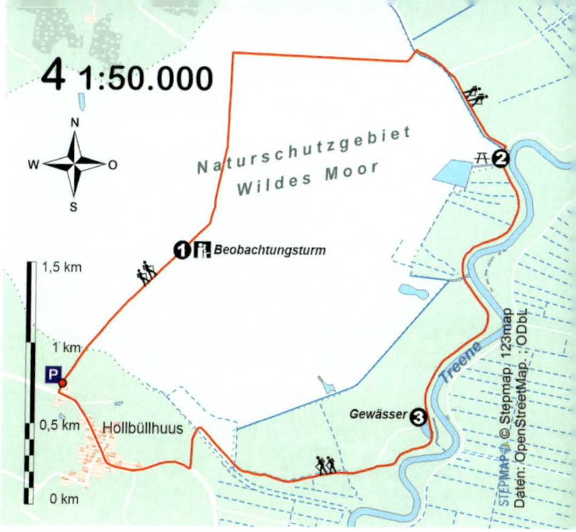

Sie wandern nun auf dem Weg, der erst vor einigen Jahren um 80 cm erhöht wurde, damit man trockenen Fußes durch die nasse Landschaft kommt, mitten ins Herz des Moores und erreichen bald einen einfachen **Beobachtungsturm ❶**. Von dem erhöhten Standpunkt des reetgedeckten Turmes haben Sie einen guten Überblick über das Moor und die Chance, aus dem Versteck seltene Vögel beobachten zu können.

An einem leichten Linksknick gut 250 m hinter dem Turm überqueren Sie den sogenannten Scheidegraben, der quer durch das Moor von West nach Ost verläuft. Er ist im Gelände nur schwer auszumachen.

Dahinter wandern Sie in nördlicher Richtung weiter und gelangen nach 500 m an einer Abzweigung an einen Rastplatz mit Bank und Tisch. Sie gehen, jetzt auf einem Plattenweg, weiter geradeaus und biegen nach 550 m rechts auf einen Plattenweg ab, der Sie nun durch den Nordostteil des Moores bis an eine einspurige Asphaltstraße führt, an der Sie nach rechts gehen.

Kurz vor der Treene schwenkt die Straße nach rechts. Gleich dahinter passieren Sie ein Schöpfwerk und keine 50 m weiter finden Sie eine schöne **Rastmöglichkeit ❷** mit Infotafel nahe am Ufer der Treene.

Treene

Die Treene ist ein 95 km langer Nebenfluss der Eider. Sie entspringt nahe der Ostsee-Nordsee-Wasserscheide südöstlich von Flensburg in der Gemeinde Mohrkirch, nur etwas mehr als 10 km von der Ostsee entfernt. Sie mündet in die Eider bei Friedrichstadt.

Der Fluss gehört zur Eider-Treene-Sorge-Niederung, die ein wichtiges Rast- und Brutgebiet für Zugvögel ist. Besondere Bedeutung hat es für den Weißstorch („Klapperstorch"), den man in großer Zahl in der Region sehen kann.

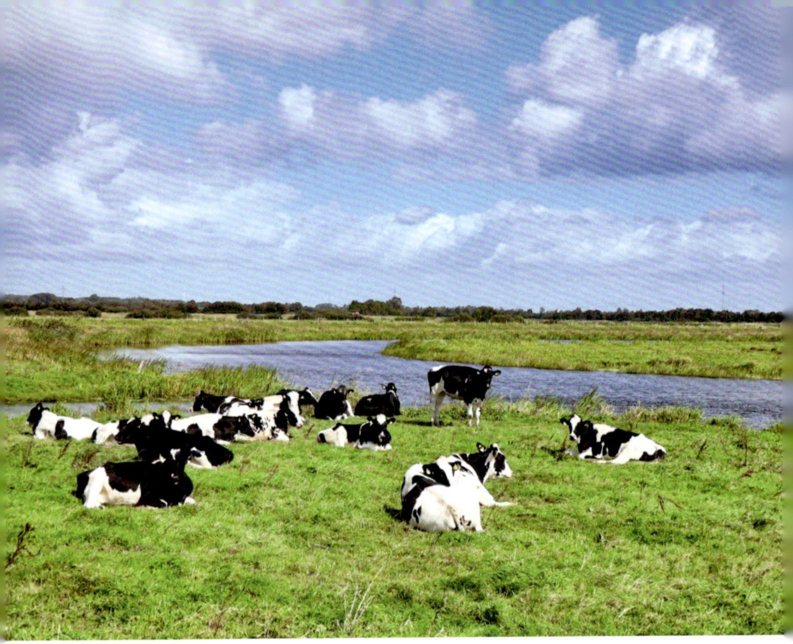

Idyllische Ruhe an der Treene

Sie wandern weiter entlang der Treene, die in zahlreichen Schleifen ruhig durch die Wiesen und Weiden Richtung Süden fließt. Sie passieren erneut ein Siel und gelangen an ein größeres **Gewässer ❸**, auf dem Sie einige Wasservögel beobachten können. Kurz hinter dem Gewässer verlässt die Straße den Fluss und führt in östlicher Richtung weiter. An einer Infotafel knickt die Straße nach links und endet 250 m weiter an der rechts nach Hollbüllhuus führenden Kreisstraße.

Sie folgen der Straße durch das kleine Dorf, in dem Sie einige schöne Reetdachhäuser bewundern können. Nur gut 200 m hinter den letzten Häusern der Ortschaft biegen Sie rechts zu Ihrem Ausgangspunkt ab.

❺ Nordstrand – Fuhlehörn und Süden

Wanderung für Freunde längerer Strecken entlang von Deichen, durch Köge und kleine Dörfer

Die Rundtour führt zunächst entlang des Seedeichs zur Badestelle Fuhlehörn, Nordstrands beliebtestem und größtem Grünstrand. Anschließend wandern Sie zwischen Wiesen, Weiden und Äckern durch einen alten Koog vorbei an einer historischen Warft zu zwei kleinen Dörfern im Landesinnern, wo es eine Menge zu sehen gibt. Der Rückweg erfolgt durch den Osterkoog bis zum Seedeich, wo Sie auf dem erst kürzlich angelegten Panorama-Weg wieder zum Hafen zurückgehen.

Start/Ziel: Großparkplatz Strucklahnungshörn, GPS N 54°29.796' E 008°48.589'

16 km

4 Std.

20 m/20 m, An- und Abstieg nur am Deich

0-10 m

keine

Die Wanderung verläuft im ersten Teil auf der grasigen Deichkrone (alternativ auf dem asphaltierten Treibselabfuhrweg), anschließend entlang befestigter Straßen sowie auf Fußwegen und zum Schluss auf der befestigten Deichkrone.

Kiosk im Fährhafen (km 0,2) und am Grünstrand Fuhlehörn (km 2), Restaurant zur Nordsee am Seedeich (km 14)

entlang des Weges, insbesondere auf den Deichen, von Zeit zu Zeit Bänke, ansonsten am Grünstrand Fuhlehörn (ab km 1,8), am WC-Häuschen Grüner Weg (km 4), in Herrendeich (km 8,9) und in Süden an der Kirche (km 10,3)

WC am Ausgangspunkt, am Grünstrand Fuhlehörn (km 2) und am Anfang der Straße Grüner Weg (km 4)

Supermärkte in Herrendeich (Nahkauf, km 8,9) und Süden (Edeka, km 10,4)

am Grünstrand bei Fuhlehörn (ab km 1,8), Schwimmbad Nordstrand (leicht abseits des Weges bei km 14,5)

Für Kinder gibt es auf der langen Wanderung bis auf den Grünstrand keine besonderen Attraktionen.

Für Wanderer mit Buggy bestehen keine Einschränkungen. Wer sein Gefährt im ersten Teil nicht auf der grasigen Deichkrone schieben möchte, findet auf dem Treibselabfuhrweg eine asphaltierte Alternative.

Auf den Deichen und im Watt besteht Leinenzwang, ein ausgewiesener Hundestrand ist bei Fuhlehörn, ein Hundefreilauf im Drosselweg (Abzweig vom Trendermarschweg, km 6,7).

P gebührenpflichtiger, großer Parkplatz in Strucklahnungshörn in der Nähe des Hafens, weitere Möglichkeit an der Badestelle Fuhlehörn (km 2) und in Herrendeich an der Kurverwaltung (km 8,9)

Buslinie R140 vom Hafen Strucklahnungshörn nach Husum, Haltestellen am Weg: „Herrendeich/Schule“ (km 8,9), „Herrendeich/Gaikebüll“ (km 9,9), „Osterdeich/Kreuzweg“ (km 12,7), 100 m abseits vom Wanderweg „Norderhafen“ (km 14,1)

Vom Sanitärgebäude (mit Kassenautomat für die Parkgebühr) gehen Sie Richtung Deich (Hinweis Fähre, Ausflugsschiffe) und überqueren auf einer Holzbrücke einen Graben. Sie halten sich dahinter rechts und gehen etwa 50 m weiter links auf einer Holztreppe über den Deich in den Fähr- und Fischerhafen Strucklahnungshörn, wo die ein- und auslaufenden Schiffe ein interessantes Schauspiel vorführen. An einem Kiosk können Sie Fisch- und Krabbenbrötchen sowie Getränke kaufen. Mit Glück liegt auch der Krabbenkutter Gila Hus 7 von Käpt'n Claus Koch am Pier. Von ihm können Sie Krabben ohne Konservierungsstoffe erwerben, die gerade erst gefangen wurden (je nach Witterung und Tide wechselnde Zeiten, Info über Verkaufstermine unter 01 71/997 30 67 oder im Internet unter https://fangfrischekrabben-gilahus7.de).

Auf der Westseite des Hafens gehen Sie über den niedrigen, befestigten Deich und dahinter nach links. Nach etwa 100 m können Sie den Treibselabfuhrweg verlassen, auf den Deich hinauf gehen und auf der mit Gras bewachsenen Deichkrone weiterwandern. Von oben haben Sie einen schönen Blick auf die Nordsee mit den Halligen und der großen Insel Pellworm. Im Süden sehen Sie die Küste Eiderstedts und können bei guter Sicht sogar den Westerhever Leuchtturm erkennen. Auch der Blick zurück auf den geschäftigen Hafen ist interessant und binnendeichs schauen Sie auf ein Rückhaltebecken, auf dem sich zahlreiche Wasservögel wohlfühlen.

Kurz hinter einem leichten Linksknick des Deiches passieren Sie die binnendeichs gelegene Vogelkoje Alter Koog. Leider gibt es hier keinen Durchlass durch den am Deichfuß verlaufenden Drahtzaun, sodass sich ein Besuch erübrigt.

Etwa 300 m weiter sehen Sie rechts unten einen mit Holzpfählen markierten Weg ins Watt. Er führt zur Hallig Südfall, zu der Sie entweder zu Fuß mit einem Wattführer oder mit einer Kutsche gelangen. Die Hallig liegt in der Schutzzone I des Nationalparks und darf nur im Rahmen einer Wattführung oder Kutschfahrt betreten werden.

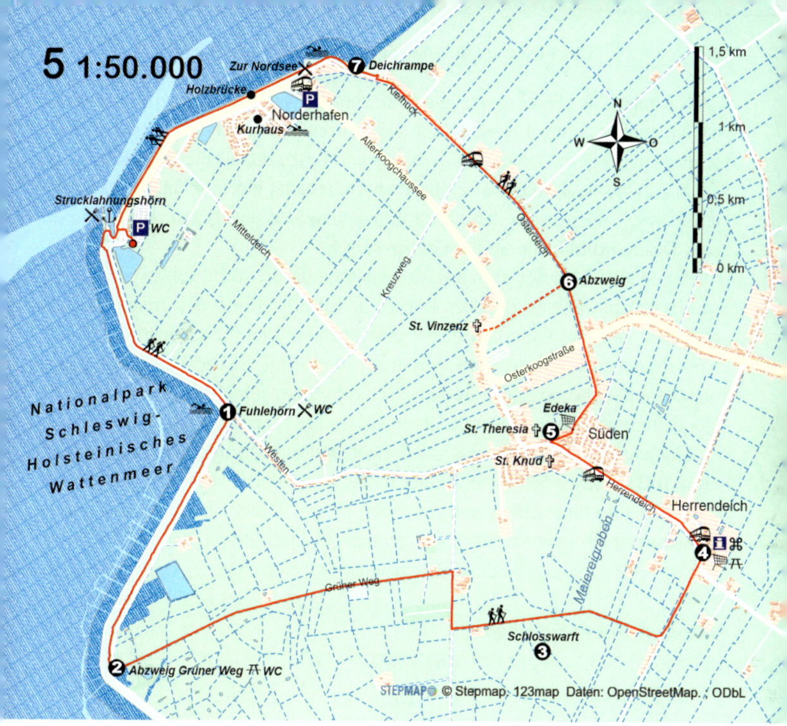

☺ Wattwanderungen je nach Tide und Wetter mit:

- Christine Dethleffsen, 01 51/18 35 55 76, www.watt-wandern.de
- Frerk Petersen, 048 46/69 35 07

☺ Kutschfahrten zur Hallig Südfall mit:

- Wattenkutscher, 048 42/300, www.wattenkutscher.de

Wenige Schritte weiter erreichen Sie die **Badestelle Fuhlehörn ❶**. Der Grünstrand mit einem kleinen, aufgeschütteten Sandstrand ist die Hauptbadestelle Nordstrands und eignet sich besonders für Familien mit Kindern. Hier finden Sie Toiletten und einen Kiosk und können sich einen Strandkorb mieten.

Sie folgen dem Deich um die Rechtsbiegung und passieren gleich darauf ein quadratisches, eingezäuntes Feld. Ein Schild informiert: Das ist der Hundestrand!

Nachdem Sie dieses großzügige Angebot für Vierbeiner ausgiebig bestaunt haben, geht es auf dem Deich weiter. Sie kreuzen eine Deichrampe, passieren ein schönes, weiß gestrichenes Reetdachhaus und gehen durch eine Holzpforte. Etwa 50 m dahinter verlassen Sie den Deich nach links auf einem schmalen, betonierten Fußweg, überqueren den Deichverteidigungsweg und gehen dahinter in die vom Deich fortführende Straße **Grüner Weg ❷**.

An dem WC-Häuschen (mit Rastmöglichkeit davor) vorbei folgen Sie der einspurigen Asphaltstraße zwischen Wiesen und Weiden durch den Trendermarschkoog bis zu ihrem Ende und gehen dort rechts in den Trendermarschweg. Am Nordstrander Eierhof der Familie Hansen können Sie frische Eier (Selbstbedienung) kaufen und erreichen wenig weiter die Abzweigung des Drosselwegs, wo Hundefreunde eine Freifläche für ihren vierbeinigen Liebling finden.

Dahinter gehen Sie die nächste Möglichkeit links in den Schlossweg. Nach etwa 500 m stehen Sie in Höhe einer rechts in der Wiese liegenden Warft, heute nur noch ein grüner Hügel mit grasenden Kühen. Dabei handelt es sich um die **Schlosswarft ❸**, eine alte Warft der ehemaligen Insel Strand, die 1634 während der verheerenden Burchardiflut auseinandergerissen wurde.

Der Badestrand Fuhlehörn

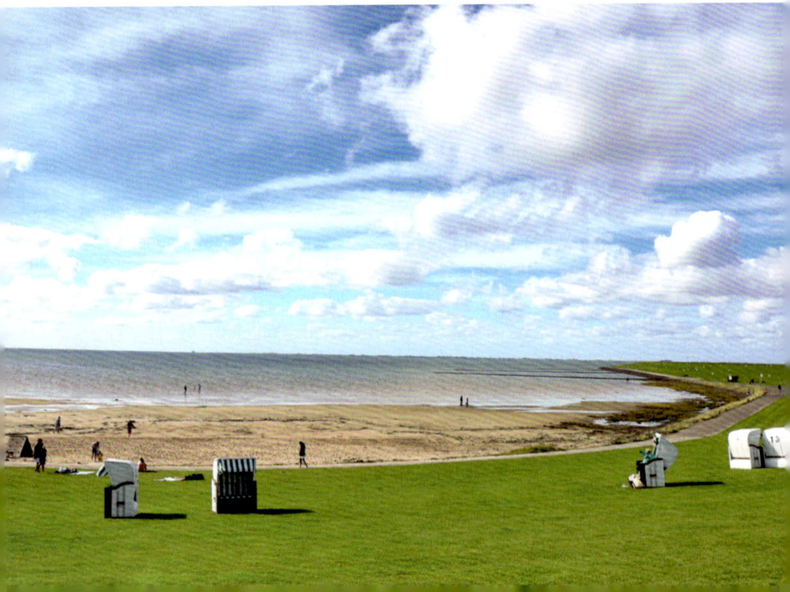

Die Reste der ehemals größten Insel des Wattenmeeres mit der sagenhaften untergegangenen Stadt Rungholt bilden heute die Insel Pellworm, die Halbinsel Nordstrand und die Hallig Nordstrandischmoor.

Am Ende des Schlosswegs führt die Straße auf einen Deich, auf dem Sie weiter in das Dorf Herrendeich gehen. Dort gelangen Sie nach dem Überqueren der Kreisstraße (Eversbüller Chaussee) auf dem Schulweg ins Zentrum des Dorfes, wo Sie einen Supermarkt (Nahkauf, Mo-Fr 7:00-18:30, Sa 7:00-13:00), einen Bäcker (Mo-Fr 7:00-18:30, 7:00-13:00, So 7:30-10:30), die Touristeninformation mit dem Heimatmuseum und eine schöne **Rastmöglichkeit** ❹ neben dem Wartehäuschen an der Bushaltestelle finden. Einen Blick lohnt das Industriedenkmal Tassenpegel und der Sturmflutpfahl, die beide vom Rastplatz aus zu sehen sind.

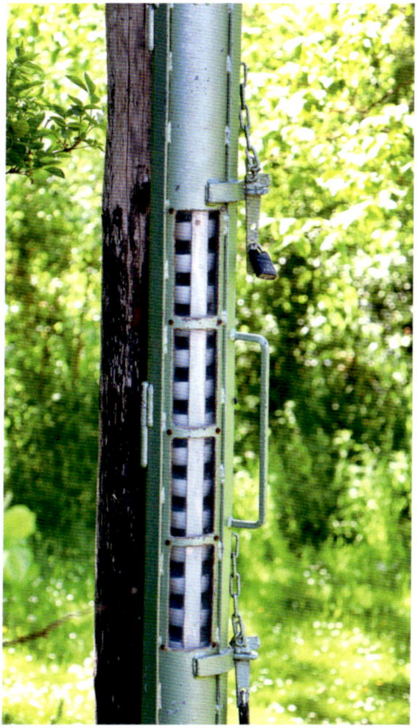

Das technische Denkmal Tassenpegel in Herrendeich

i ⌘ Touristinformation Nordstrand, Schulweg 4, 25845 Nordstrand, ☏ 048 42/454, www.nordstrand.de, in der Hauptsaison Mo-Sa 8:00-12:00 und 14:00-18:00, Sa nur bis 17:00, So nur 9:00-11:30, ansonsten nur Mo-Fr 8:00-12:00. Im Obergeschoss befindet sich das kleine Inselmuseum (wie die Touristinformation, Eintritt frei), wo Sie einen Überblick über die Geschichte Nordstrands erhalten, die durch gewaltige Sturmfluten geprägt ist.

Auf dem Schulweg verlassen Sie das Zentrum und gehen weiter bis zur Kreisstraße, die jetzt Herrendeich heißt. Ihr folgen Sie auf dem Fußweg, der wenig weiter etwas abseits der Straße verläuft, in das Dorf Süden.

Süden

Das Dorf ist vor allem wegen seiner zwei Kirchen, die nahe beieinanderliegen, interessant. Hinzu kommt, dass beide Kirchen in einem ansonsten evangelisch geprägten Landstrich katholisch sind. Südlich des Herrendeichs etwas abseits der Straße liegt die katholische Kirche St. Knud. Die 1866 vollendete Kirche ist die jüngste auf Nordstrand. Sie wurde gebaut, nachdem es Ende des 18. Jh. zu einer Kirchenspaltung kam.

Besonders sehenswert ist der Dom St. Theresia der alt-katholischen Gemeinde in der Osterstraße. Die Gemeinde umfasst ganz Schleswig-Holstein und hat etwa 500 Mitglieder. Die Ursprünge des Doms gehen auf einen einfachen Kirchenbau aus dem Jahr 1662 zurück, der 1887 erneuert und mit einem Turm versehen wurde.

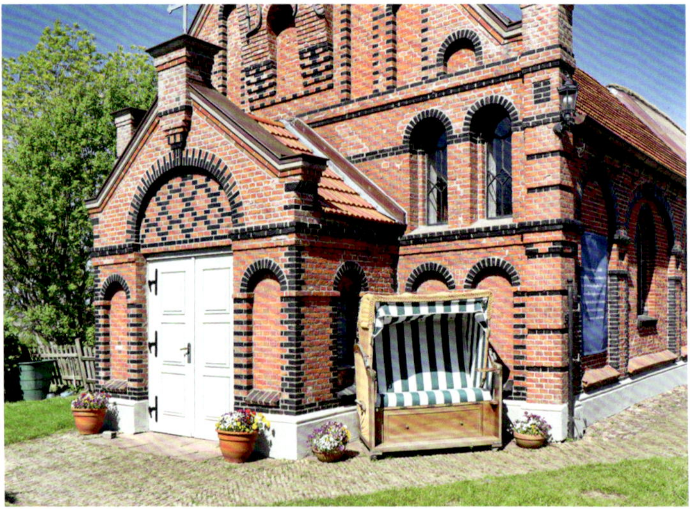

Gemütlicher Sitzplatz am Dom St. Theresia in Süden

In Süden biegen Sie kurz hinter dem Zugang zur Kirche St. Knud rechts in den Osterdeich ab und sind gleich dahinter am **Dom St. Theresia ❺**, der etwas erhöht auf einem Deich steht und mit dem angeschlossenen weißen, reetgedeckten Pfarrhaus ein schönes Bild abgibt.

Sie gehen an der Kirche vorbei, passieren den Edeka-Markt (Mo-Fr 7:30-18:00, Sa 7:30-13:00) und wandern auf dem einspurigen, asphaltierten Osterdeich weiter, auf dem zum Glück wenig Kfz-Verkehr herrscht. An der Kreuzung mit der Landstraße (Alterkoogchaussee) gehen Sie geradeaus, nun auf einem Fußweg, weiter. Etwa 400 m hinter der Kreuzung zweigt links ein **Fußweg ❻** ab, der zur evangelischen Kirche St. Vinzenz führt (Abstecher zur Kirche hin und zurück ca. 1,5 km). Die Odenbüller Kirche stammt aus dem 13. Jh., einer Zeit, als die alte Insel Strand noch existierte.

Die Route führt hier geradeaus weiter, voraus ist schon der Seedeich zu sehen, auf den Sie zusteuern. Entlang der Straße bieten zahlreiche Vermieter Unterkünfte an und dann stoßen Sie an den Fuß des Deiches. Knapp 200 m weiter führt eine Deichrampe hinauf auf den **Seedeich ❼**.

Die befestigte Deichkrone, der sogenannte Panorama-Weg, ist ausschließlich den Fußgängern vorbehalten, Radler müssen auf den Treibselabfuhrweg am Fuß des Deiches ausweichen.

Auf Ihrem Weg zurück zum Fährhafen haben Sie einen schönen Blick auf Pellworm und die anderen nordfriesischen Inseln, einige Halligen mit Nordstrandischmoor im Vordergrund. In kurzen Abständen finden Sie schöne Sitzmöglichkeiten, interessante Informationstafeln und anschauliche 3D-Modelle, z. B. zum Bodenrelief oder zur Deichentwicklung.

Sie passieren das Hotel/Restaurant zur Nordsee mit einer schönen Terrasse auf dem Deich.

✕ Hotel/Restaurant Zur Nordsee, Norderhafen 22, 25845 Nordstrand, ☏ 048 42/86 07, www.zur-nordsee.de, Do-Di warme Küche über Mittag und 17:30-21:00, Mi Ruhetag

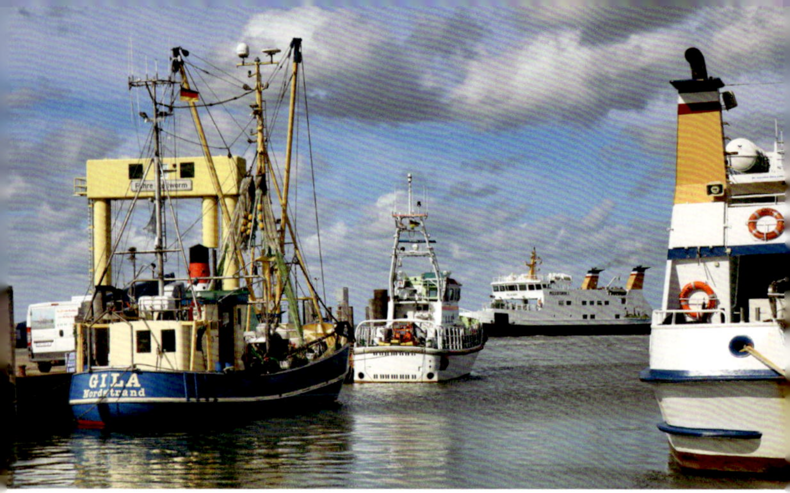

Der Rückweg führt wieder Richtung Hafen

Etwas weiter sehen Sie links ein größeres Gewässer, wo Klei für den Deichbau entnommen wurde, kommen an den Gedenkstein von Ludwig Ingwer Nommensen, einen evangelischen Missionar, dessen Geburtshaus genau hier gestanden hat, und erreichen schließlich eine Holzbrücke, ⇘ die vom Deich über die Straße in das Kurzentrum Nordstrand führt. Neben zahlreichen Ferienhäusern und -wohnungen gibt es dort ein Schwimmbad und das Nationalparkhaus.

Am Kurhaus 27, 25845 Nordstrand, ☎ 048 42/900 11 60, Mo, Di, Do, Fr 14:00-19:00, Mi bis 20:00, Sa nur bis 18:00; So 9:00-12:30, Erw. ohne/mit Sauna € 3,50/€ 6,50, Kinder/Jugendliche € 2,50/€ 5

⌘ Nationalparkhaus, Am Kurhaus 27a, 25845 Nordstrand, ☎ 048 42/519, Januar-März sowie November und Dezember Fr 14:00-18:00, Sa 14:00-17:00, So 10:00-11:30, April, Mai und Oktober Mo 10:00-13:00, Di, Mi und Fr 14:00-18:00, Sa 14:00-17:00, So 10:00-11:30, Juni und September Di, Mi und Fr schon ab 12:30, Juli und August Mo, Di, Mi und Fr 10:00-18:00, Sa und So 10:00-17:00, Eintritt frei

Sie setzen Ihre Wanderung auf dem Deich fort, kommen an einem leichten Linksknick (Mitteldeichshörn) nochmals an einen schönen Aussichtspunkt mit Bank und wandern direkt auf den Hafen zu, der nun nicht mehr weit entfernt ist. Dort gehen Sie über die schon vom Hinweg bekannte Holztreppe zu Ihrem Ausgangspunkt zurück.

6 Nordstrand – Beltringharder Koog

Für Freunde langer Wanderungen und Naturliebhaber

Die lange Wanderung führt rund um den Beltringharder Koog, den jüngsten der zahlreichen schleswig-holsteinischen Köge. Die gesamte Fläche des Koogs steht unter Naturschutz und so kann es nicht verwundern, dass vor allem Naturliebhaber hier auf ihre Kosten kommen. Besonders für Vogelbeobachter, die aus weit entfernten Regionen anreisen, ist der Koog zu einem Hotspot geworden. Wer nebenbei noch baden oder ins Watt gehen möchte, findet an den beiden Grünstränden entlang des Weges auch dazu Gelegenheit.

Start/Ziel: Parkplatz Holmer Siel, GPS N 54°31.620' E 008°52.313'

23,7 km

6 Std.

25 m/25 m, keine nennenswerten An- bzw. Abstiege

0-10 m

keine

Die Wanderung verläuft etwa zur Hälfte auf der grasbewachsenen Deichkrone, ansonsten auf befestigten Wegen. Sie bietet keine Schwierigkeiten, ist aber wegen ihrer Länge als mittelschwer eingestuft.

an Start und Ziel Café & Restaurant Zum Strandkorb, Deichimbiss Lüttmoorsiel (km 4), Hotel Arlau-Schleuse (km 9,9)

entlang der gesamten Strecke in unregelmäßigen Abständen Bänke und mehrere Rastplätze

WC öffentliche Toiletten an Start und Ziel, am Grünstrand Holmer Siel (km 0,3) und am Lüttmoorsiel (km 4)

keine

Bademöglichkeiten an den Grünstränden Holmer Siel (km 0,3) sowie Lüttmoorsiel (km 4)

Die Wanderung ist sehr lang und daher für die meisten Kinder nicht sehr attraktiv. Eine Alternative wäre eine Tour hin und zurück (8 km) nach Lüttmoorsiel mit seinem Badestrand, wo es auch einen kleinen Kinderspielplatz gibt.

Wegen der vielen Passagen auf der grasigen, teils unebenen Deichkrone und einiger Stiegen ist die Tour für Wanderer mit Buggy ungeeignet.

Hunde sind ganzjährig auf den meisten Abschnitten an der kurzen Leine zu führen, am Grünstrand am Lüttmoorsiel gibt es einen abgetrennten Hundestrand.

kostenloser Parkplatz an Start und Ziel, mehrere weitere Parkmöglichkeiten, z. B. Lüttmoorsiel (km 4), Arlau-Schleuse (km 10,4) oder Info-Parkplatz (km 17,5)

Haltestelle „Wobbenbüll Damm" (km 15,8) der Linie 1047 (Husum – Nordstrand) etwa 500 m vom Wanderweg entfernt

Vom Parkplatz gehen Sie vorbei am Café/Restaurant Zum Strandkorb und stehen gleich dahinter am Holmer Siel.

Café & Restaurant Zum Strandkorb, Holmer Siel, 25845 Nordstrand, 048 42/90 01 03, Mi-So 12:00-19:30

Am Holmer Siel fließt die Arlau, ein 37 km langer Fluss, über ein Speicherbecken in die Nordsee. Hier finden Sie zahlreiche Informationstafeln, eine Pegelanzeige und eine kleine Ausstellung zu Deichbefestigungen. Ab April können Sie oft Angler beobachten, die hier vor allem Heringe, aber auch Aale und Flundern fangen. Unter Anglern gilt das Holmer Siel als einer der beliebtesten und produktivsten Angelplätze an der nordfriesischen Küste.

Diese kleine Ausstellung am Holmer Siel zeigt eindrucksvoll, was alles in der Nordsee schwimmt

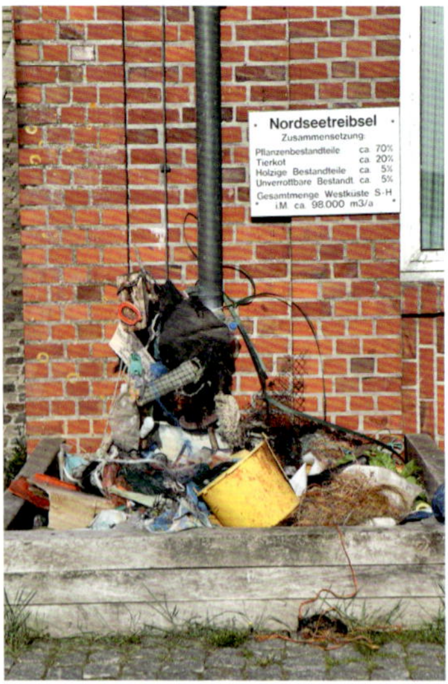

Hinter dem Siel haben Sie die Wahl, ob Sie auf der grasigen Deichkrone oder auf befestigtem Weg binnen- oder außendeichs weiterwandern. Zunächst passieren Sie den links liegenden Grünstrand, wo sich im Sommer zahlreiche Badegäste tummeln oder im Strandkorb relaxen. Im Westen sehen Sie die Insel Pellworm und links voraus ist schon die Hallig Nordstrandischmoor in Sicht. Nach rechts fällt der Blick auf die ausgedehnten Wasserflächen des Beltringharder Koogs.

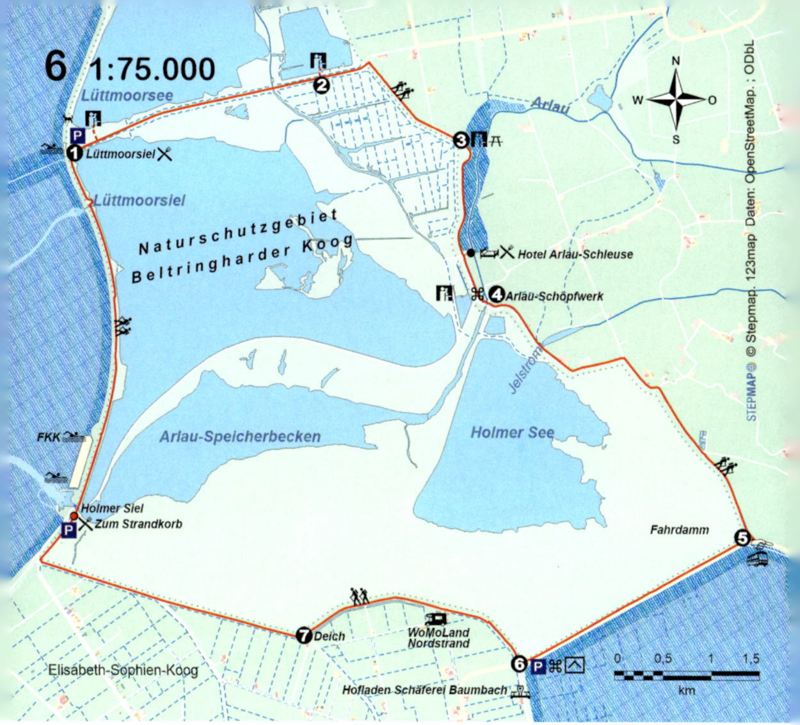

Beltringharder Koog

In den 80er-Jahren des vorigen Jahrhunderts wurde gegen heftigen Widerstand von Naturschützern beschlossen, die Nordstrander Bucht aus Küstenschutzgründen einzudeichen. 1987 erfolgte der Deichschluss und der Beltringharder Koog war entstanden, womit ein ökologisch sehr wertvolles Areal des Wattenmeeres verloren ging. Aufgrund der Proteste der Umweltschützer wurde auf eine landwirtschaftliche und touristische Nutzung verzichtet und als Ausgleich 1991 der gesamte Koog unter Naturschutz gestellt. Mit einer Fläche von 3.350 ha ist es das größte NSG des schleswig-holsteinischen Festlandes und bietet mit Salzwasserlagune, Feuchtgrünland und Sukzessionsflächen vielen verschiedenen Tier- und Pflanzenarten einen Lebensraum. Besonders Vogelbeobachter, die von weit her anreisen, kommen hier auf ihre Kosten und können zahlreiche Brut- und Rastvögel beobachten. Mit etwas Glück sieht man sogar Seehunde, die durch die Siele in das Gebiet ein- und auswandern.

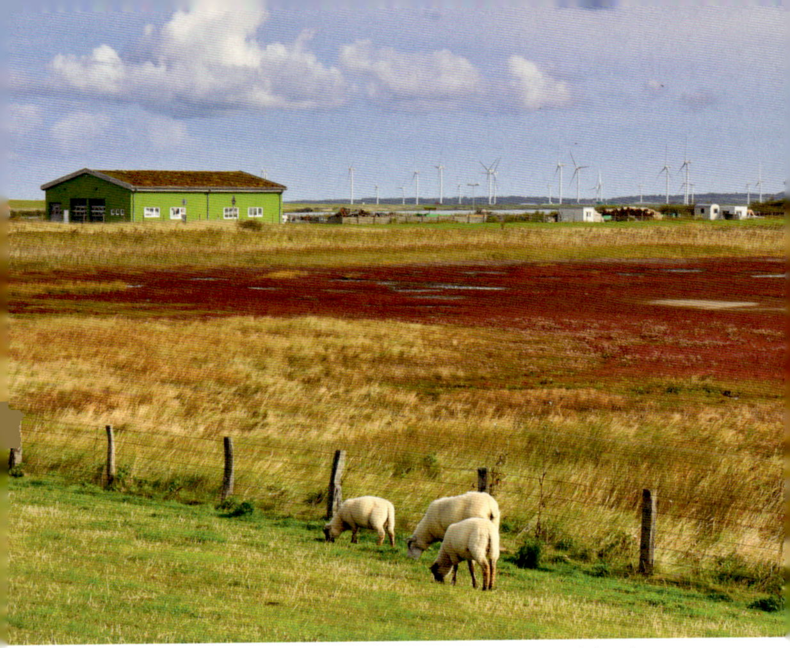

Im Herbst färbt sich der Queller, wie hier bei Lüttmoorsiel, rot

Sie wandern weiter Richtung Norden, passieren das Lüttmoorsiel und gelangen etwa 500 m weiter an die Badestelle **Lüttmoorsiel ❶**. Vom Deich haben Sie einen wunderbaren Blick auf die Halligen und Inseln im Wattenmeer. Im Vordergrund sehen Sie die Gleise der Lorenbahn, die die Hallig Nordstrandischmoor mit dem Festland verbindet. Bei Regen bietet ein hölzerner Unterstand mit zahlreichen informativen Tafeln Schutz und im Deichimbiss Lüttmoorsiel können Sie sich stärken.

✕ Deichimbiss & Café Lüttmoorsiel, Lüttmoorsiel, 25821 Reußenköge,
☏ 048 42/90 30 55, Do-Di 12:00-18:00, Mi geschlossen

Hier verlassen Sie den Nordseedeich. Auf dem Verbindungsdamm zum Cecilienkoog wandern Sie neben der Asphaltstraße Richtung Osten. Kurz hinter dem großen Parkplatz können Sie einen ersten Abstecher nach links zu einer Vogelbeobachtungshütte machen. Den Zugang zu einer zweiten **Beobachtungshütte ❷** finden Sie 2,5 km weiter ebenfalls auf der linken Seite.

Gut 500 m hinter dem Zugang zur Hütte treffen Sie auf den alten Deich, den sogenannten Mitteldeich. Hier hat die Wanderung entlang der Straße ein Ende. Sie wenden sich nach rechts und wandern auf der Deichkrone verkehrsfrei weiter. Von Zeit zu Zeit passieren Sie Schaftore. Nach etwa 1,3 km erreichen Sie den **Aussichtsturm Kranz ❸** mit Picknickplatz. Vom hölzernen Turm haben Sie eine gute Aussicht auf den Beltringharder Koog und die umgebende Landschaft.

Hinter dem Turm bleiben Sie weiter auf dem Mitteldeich und gelangen als Nächstes an das einsam in der Marsch stehende, renommierte Hotel Arlau-Schleuse, wo Sie im Restaurant Deichgraf mit regionalen Speisen verwöhnt werden.

Hotel/Restaurant Arlau-Schleuse, Hattstedtermarsch 43, 25856 Hattstedt, ☏ 048 46/699 00, Küche Mo-Fr von 17:30-21:00, Sa, So & Fei schon ab 12:00

Wanderer auf dem Mitteldeich

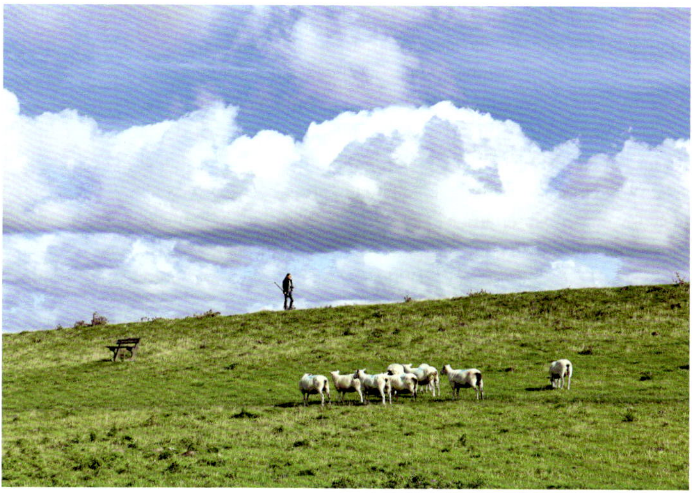

Vom Hotel wandern Sie weiter entlang des Deiches, bis Sie nach etwa 500 m das ehemalige **Arlau-Schöpfwerk ❹** erreichen, das durch den Neubau am Holmer Siel seine eigentliche Funktion verloren hat. Heute beherbergt es eine Naturschutzstation und das wohl kleinste Naturkundemuseum Schleswig-Holsteins, wo

Sie eine Menge über die Tierwelt des Beltringharder Koogs erfahren können. Hier beginnen mehrere Wanderwege, u. a. auch ein kurzer Naturlehrpfad (mit Vogelbeobachtungshütte) in den Beltringharder Koog.

⌘ Naturschutzstation Arlau-Schleuse, Hattstedtermarsch, 25856 Hattstedt, 015 25/815 09 20, April-Oktober So 12:00-16:00 und nach tel. Absprache, Eintritt frei

Sie wandern auf der mit Gras bewachsenen Deichkrone weiter und kommen nach gut 800 m an ein weiteres Schöpfwerk. Hier findet der Entwässerungsgraben Jelstrom einen Deichdurchlass. Rechts schauen Sie nun auf die Sukzessionsflächen des Koogs, die den gesamten südlichen Teil des NSG einnehmen. Hier gibt es keinerlei Eingriffe des Menschen, weder Nutzung noch Pflege; die Natur soll und kann sich ungestört entwickeln.

Nach etwas mehr als 2 km passieren Sie einige links liegende Klärteiche und erreichen gut 1 km weiter etwas westlich der kleinen Gemeinde Wobbenbüll den **Fahrdamm ❺**, der die Halbinsel Nordstrand mit dem Festland verbindet.

Hier wenden Sie sich nach rechts und gehen auf dem geteerten Fuß-/Radweg, der etwas von der Straße abgesetzt ist, Richtung Nordstrand. Schon nach kurzer Strecke können Sie rechts im Wasser eine Insel sehen, auf der sich vom Frühjahr bis in den Herbst hinein häufig eine große Kolonie Löffler aufhält. Die majestätischen Vögel mit den langen, löffelartigen, an der Spitze gelben Schnäbeln waren bis vor wenigen Jahren in Deutschland noch absolute Seltenheiten und Beobachtungen hierzulande waren eine echte Sensation. In Schleswig-Holstein brüten die großen Schreitvögel erst seit 2000. Inzwischen gibt es im nördlichsten Bundesland schon über 300 Brutpaare.

Fast 3 km folgen Sie dem Damm, bis er am Anfang von Nordstrand endet. Hier gehen Sie rechts durch ein Hecktor auf einen Deich. Auf der anderen Straßenseite liegt ein großer **Parkplatz ❻** mit Picknickmöglichkeit, Unterstand, Aussichtsplattform, zahlreichen Informationstafeln und einem Kunstobjekt, das die sieben Köge Nordstrands symbolisieren soll.

↳ Vom Rastplatz führt eine schmale Straße entlang des Deiches Richtung Süden zum 150 m entfernt liegenden Nordstrander Hofladen Baumbach. Hier bekommen Sie Lammfleisch und Wurstspezialitäten, Galloway-Rindfleisch, Schafs- und Ziegenkäse, Fell- und Wollwaren und diverse Geschenkartikel. Wer Durst hat bekommt gekühlte Fruchtsäfte und Wasser (April-Oktober tgl. 09:00-18:00, So und Feiertag erst ab 10:30; im Winter nur bis 16:30).

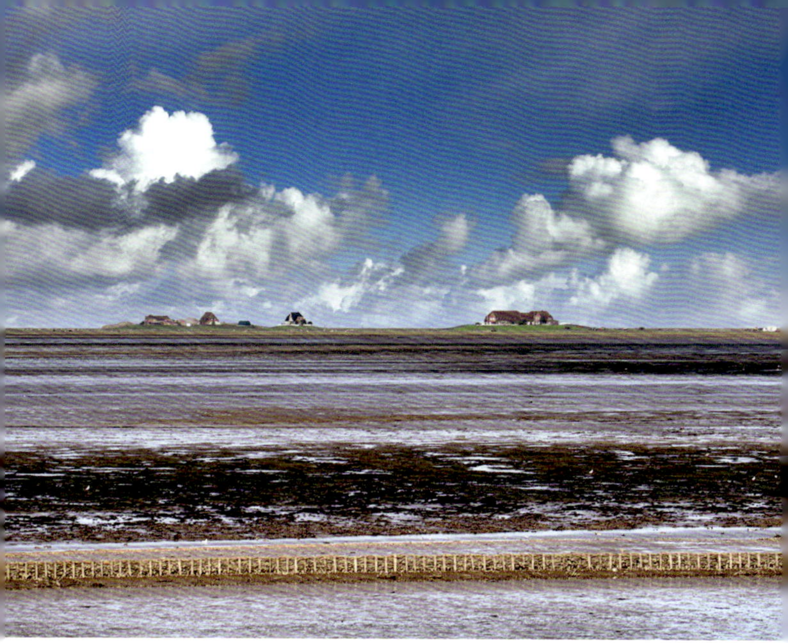

Blick auf die Hallig Nordstrandischmoor vom Deich am Holmer Siel

Nach der längeren Asphalttreterei tut es gut, wieder grasigen Boden unter den Füßen zu haben. Rechts schauen Sie weiter auf die Sukzessionsflächen des Beltringharder Koogs, links auf die landwirtschaftlichen Flächen des Pohnshalligkoogs, des jüngsten, erst 1924 eingedeichten Norderstrander Koogs. Sie müssen wieder einige Schaftore überwinden und passieren einen Wohnmobilstellplatz, der direkt am Deich liegt. Etwa 1,5 km hinter dem Stellplatz stößt von links ein weiterer **Deich ❼** hinzu. Er trennt den Pohnshalligkoog vom Morsumkoog, der bereits 1866 eingedeicht wurde.

Auch ein weiterer, nach etwa 1,5 km hinzustoßender Deich grenzt zwei Köge ab. Hier beginnt der Elisabeth-Sophien-Koog. Das auch Bodderkoog (Butterkoog) genannte Gelände wurde bereits 1771 eingedeicht. Heute gehört die Gemeinde zu den bevölkerungsärmsten der Halbinsel. Auf einer Fläche von knapp 5 km² „drängeln" sich um die 70 Einheimische.

Sie halten sich rechts und erreichen schließlich den Seedeich, wo Sie rechts wieder zu Ihrem Ausgangspunkt am Parkplatz vor dem Holmer Siel kommen.

7 Hamburger Hallig

Einfache Wanderung für Hallig-Begeisterte

Die Hamburger Hallig ist eine der großen Touristenattraktionen Schleswig-Holsteins. Sie ist die einzige Hallig, die trockenen Fußes über einen Damm und sogar mit dem Kfz erreichbar ist. Die Wanderung führt auf dem Damm vom Festland zur Halligwarft durch einzigartige Salzwiesen, die besonders für Brut- und Zugvögel einen selten gewordenen Lebensraum bieten. Interessante Informationen dazu erhalten Sie im Informationshaus des NABU auf halbem Weg zur Warft. Dort finden Sie den Hallig Krog, ein weit über die Region hinaus bekanntes und beliebtes Ausflugslokal mit regionaltypischen Köstlichkeiten. Wenige Schritte entfernt kommen Wasserratten auf ihre Kosten: Am Grünstrand unterhalb der Warft befindet sich eine Badestelle.

Start/Ziel: am Amsinck-Haus, GPS N 54°36.941' E 008°52.222'

9 km

2 Std. 15 Min.

25 m/25 m, keine nennenswerten An- bzw. Abstiege

0-10 m

keine

Der größte Teil der Wanderung verläuft auf einem Plattenweg, ein kurzer Abschnitt auf einem naturbelassenen Pfad, der nach längerem Regen sehr morastig sein kann, auf dem parallel verlaufenden Plattenweg aber umgangen werden kann.

Hallig Krog auf der Hallig (km 4,4)

nur am Start und auf der Hallig (km 4,4) Rastmöglichkeiten

WC an Start und Ziel sowie beim Hallig Krog (km 4,4)

keine

Bademöglichkeit am Grünstrand beim Hallig Krog (km 4,6)

Die Tour hat eine für Kinder angenehme Länge und bietet mit der Ausstellung im Amsinck-Haus, der Nationalparkstation auf dem Schafberg und dem Grünstrand mit Bademöglichkeit auch für die Kleinen eine Menge.

Der Weg ist für Buggys geeignet, lediglich am Übergang zum Grünstrand sind einige Stufen zu überwinden. Der Naturpfad Salzwiese kann auf dem parallel verlaufenden Plattenweg umgangen werden.

Hunde sind ganzjährig an der kurzen Leine zu führen.

P kostenloser Parkplatz am Amsinck-Haus

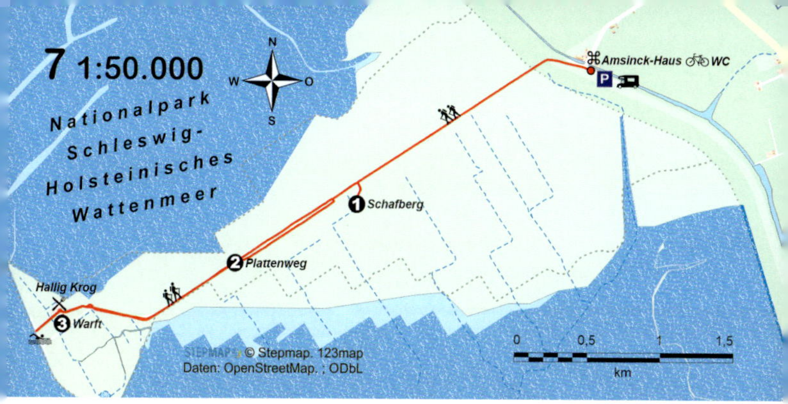

Haltestelle „Sönke-Nissen-Koog/Alte Schule“ der Linie 1028 nach Bredstedt in 1 km Entfernung, nur wenige Fahrten und nur an Schultagen

☺ Am Amsinck-Haus stehen Leihräder für eine geringe Gebühr zur Verfügung.

Die Wanderung beginnt am Amsinck-Haus, wo Sie eine kleine naturkundliche Ausstellung besuchen können und ausführliche Informationen über die Geschichte, Natur und Kultur der Region erhalten.

⌘ Amsinck-Haus Hamburger Hallig, Sönke-Nissen-Koog 36a, 25821 Reußenköge, ☏ 046 71/92 71 54, April-Oktober tgl. 10:00-18:00, Eintritt frei

Vom Amsinck-Haus wandern Sie die mit Schranken versehene Deichrampe aufwärts und können sich von der Deichkrone in etwa 8 m Höhe einen guten Überblick über das Gelände verschaffen. Links des Weges sehen Sie in einiger Entfernung das Informationshaus des NABU und weit am Horizont können Sie den Hallig Krog erkennen, der auf der Warft thront.

Sie verlassen den Deich und gehen auf dem Plattenweg zwischen den Salzwiesen zu beiden Seiten des Dammes weiter, bis Sie etwa 2 km nach dem Start auf den Zugang zur Nationalparkstation auf dem **Schafberg** ❶ kommen. Hier lohnt ein kurzer Abstecher. Betreuer des NABU vermitteln Wissenswertes über Natur und Landschaft. Wer Lust hat, kann durch eins der aufgebauten Spektive die Vogelwelt beobachten.

⌘ Nationalparkstation Claus-Jürgen-Reitmann-Haus, Mitte April-Mitte September tgl. 10:00-18:00, Eintritt frei

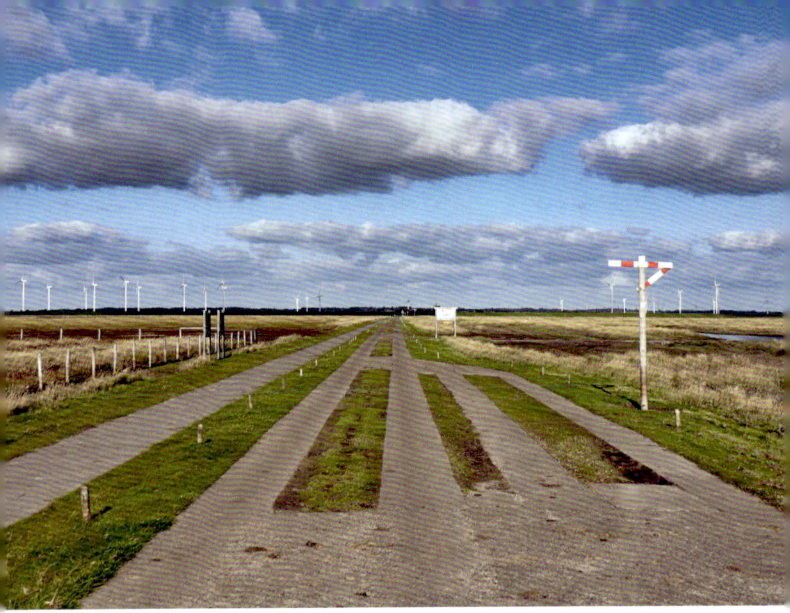

Über diesen Plattenweg geht es auf die Hamburger Hallig

Etwa 200 m hinter dem Zugang zum Info-Haus, zweigt links der Naturpfad Salzwiese ab. Der Pfad führt wenige Meter entfernt parallel zum Plattenweg. Am Wegrand stehen zahlreiche Informationstafeln. Der Pfad endet nach 800 m wieder am **Plattenweg ❷**, auf dem Sie weiter der Warft zustreben.

Kurz vor der Warft erreichen Sie den Hallig-Parkplatz. Im Norden sehen Sie an den Parkplatz angrenzend mehrere futuristische Kuppeln, die zu einem Experiment der Universität Hamburg gehören. Die Wissenschaftler wollen hier die Auswirkungen der Erderwärmung auf die Salzwiesen erforschen.

Vom Parkplatz sind es nur noch wenige Schritte hinauf auf die **Warft ❸**, wo der Hallig Krog auf Gäste wartet.

🍴 Hallig Krog, Hamburger Hallig, 25821 Reußenköge, ☏ 046 71/94 27 88, 🚪 1. April-31. Oktober tgl. 11:00-19:30, Fr und Sa bis 20:30

Hinter dem Krog kommen Sie nach wenigen Metern zum Grünstrand der Hallig, wo Sie auch eine Badestelle finden. Von dort haben Sie einen einzigartigen Blick auf das Wattenmeer mit den Inseln und Halligen.

Hamburger Hallig

Die Hamburger Hallig ist ein Rest der 1634 durch eine große Sturmflut zerstörten Insel Strand. Mitte des 19. Jh. wurde ein erster Damm zur Hallig gebaut, der mehrfach zerstört, aber immer wieder aufgebaut wurde. Seit 1901 ist der Damm, der bis zu sechzigmal im Jahr überflutet wird, befahrbar. Rechts und links des Dammes haben sich große Flächen abgelagerter Schlick gebildet, die sich im Laufe der Zeit zu Salzwiesen entwickelt haben. Die Hallig und der Damm liegen mitten in der am strengsten geschützten Zone des Nationalparks Schleswig-Holsteinisches Wattenmeer.

Der Hallig Krog liegt auf einer Warft

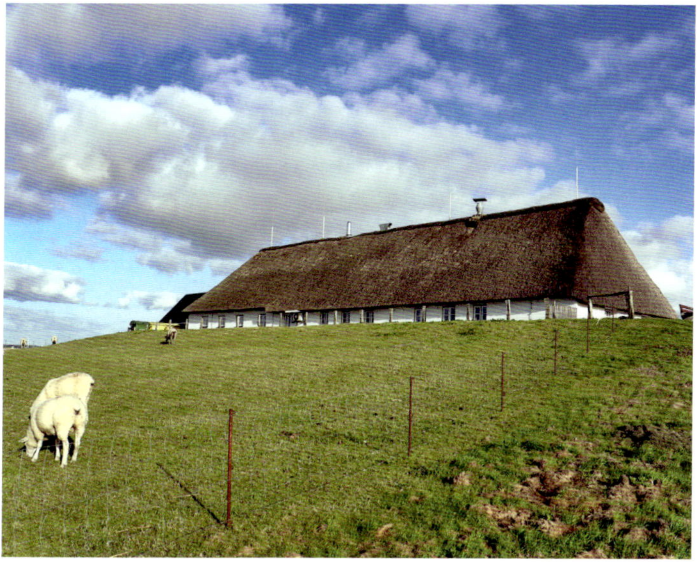

Den Rückweg treten Sie auf der gleichen Route an.

8 Schlüttsiel – Hauke-Haien-Koog

Wanderung für Vogelliebhaber und -beobachter

Die Wanderung von Schlüttsiel durch den Hauke-Haien-Koog, der ein international bedeutendes Vogelschutzgebiet ist, ist für ornithologisch Interessierte ein echtes Muss. Da der Abschnitt im Koog kaum begangen wird, lohnt sie sich aber auch für alle, die nicht nur auf Vögel fixiert sind. Denn hier finden Sie noch Ruhe mitten in der Natur und zugleich schöne Plätze am grünen Deich, wo Sie einfach relaxen und den Stimmen der Natur lauschen können.

Start/Ziel: Parkplatz Schlüttsiel, GPS N 54°40.862' E 008°45.444'

10,5 km

2 Std. 30 Min.

20 m/20 m, An- bzw. Abstiege nur an den Deichen

0-10 m

keine

Die Wanderung verläuft fast ausschließlich auf mit Gras bewachsenen Deichen.

an Start und Ziel Hotel/Restaurant Siel59

Rastmöglichkeiten am Ausgangspunkt, ansonsten an der Hütte vom Verein Jordsand auf dem Gründeich (km 3,4)

WC Toiletten am Ausgangs-/Zielpunkt

Abgesehen von der sporadischen Möglichkeit, im Hafen frisch vom Kutter Krabben und Beifang kaufen zu können, gibt es keine Einkaufsmöglichkeiten.

Der Grünstrand liegt gleich südlich des Hafens beim Start-/Zielpunkt.

Der Grünstrand, der kleine Hafen und die kindgerechte naturkundliche Ausstellung im Infoturm bieten auch den Jüngeren schöne Erlebnisse.

Die Tour ist für Wanderer mit Buggy wegen des hohen Anteils grasiger Wege nur bedingt geeignet.

Hunde sind auf der gesamten Strecke an der kurzen Leine zu führen.

P kostenpflichtige Parkplätze am Ausgangspunkt in Schlüttsiel

Linie 1029 Richtung Bredstedt, verkehrt tgl., aber nur wenige Fahrten, Haltestelle am Hafen ca. 100 m von Start/Ziel entfernt

Vom Parkplatz gehen Sie am Hotel/Restaurant Siel59 vorbei auf den Seedeich.

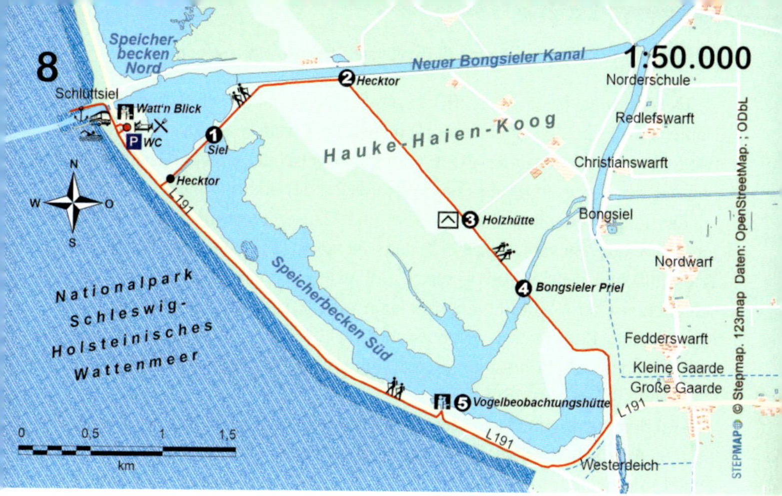

✕ Hotel/Restaurant Siel59, Schlüttsiel 1, 25842 Ockholm, ☏ 046 74/962 29 40, Mo und Do 18:00-21:00, Fr-So 12:00-21:00

Oben angekommen haben Sie einen schönen Blick auf die Halligwelt und die Inseln im Wattenmeer. Rechts sehen Sie den kleinen Hafen Schlüttsiel und unter Ihnen am Fuß des Deiches liegt der Grünstrand. Auf der anderen Seite schauen Sie auf den Hauke-Haien-Koog, der sich weit nach Südosten erstreckt.

Auf der Deichkrone gehen Sie links in südöstliche Richtung weiter. Nach etwa 400 m sehen Sie auf der linken Seite am Deichfuß eine Pforte, durch die Sie den Deich verlassen. Sie überqueren die stark befahrene Landstraße und gehen dahinter durch das Hecktor in den Hauke-Haien-Koog hinein.

Hauke-Haien-Koog

Der Hauke-Haien-Koog, benannt nach dem Deichgrafen aus der Novelle „Der Schimmelreiter" von Theodor Storm, wurde in den Jahren 1958/59 eingedeicht, um ausreichend Süßwasserspeicherbecken für das dahinterliegende Marschland zu schaffen. Ansonsten bestand bei Sturmfluten, wenn die Siele geschlossen waren, die Gefahr, dass durch Süßwasserzufluss über die beiden Flüsse Lecker und Soholmer Au die tief liegenden Marschen überflutet wurden. Mit dem Bau der Speicherbecken wurde die Gefahr gebannt, das Süßwasser kann „zwischengelagert" werden und wieder ablaufen, wenn nach Wetterberuhigung das Siel bei Schlüttsiel geöffnet werden kann.

Der gesamte Koog ist 1.200 ha groß, davon entfällt etwas weniger als die Hälfte auf die beiden Speicherbecken, der Rest wird landwirtschaftlich genutzt. Die Speicherbecken wurden 2006 zum EU-Vogelschutzgebiet erklärt, die Betreuung hat der Verein Jordsand (www.jordsand.de) übernommen.

Der Koog ist ein bedeutendes Rast- und Mausergebiet für zahlreiche Vogelarten des Wattenmeeres. Darüber hinaus bietet er mit seinen großen Schilf- und Wiesenflächen vielen Brutvogelarten optimale Lebensbedingungen. Neben verschiedenen Gänse- und Entenarten kann man je nach Jahreszeit Austernfischer, Kampfläufer, Rotschenkel, Alpenstrandläufer, Küstenseeschwalbe, Rohrammer, Rohrdommel, Schilfrohrsänger, Rohrweihe und viele andere Arten sehen.

Auf dem niedrigen Deich, der das Süd- vom Nordspeicherbecken trennt, wandern Sie von Schafen begleitet weiter in den Koog hinein. Rechts liegt das Schutzgebiet, das nicht betreten werden darf. Enten und Gänse, die entlang des Deiches rasten oder fressen, fliegen mit lautem Geschnatter und heftigen Flügelschlägen erschrocken in alle Richtungen davon.

Im Frühjahr und Herbst bevölkern riesige Schwärme von Nonnengänsen den Hauke-Haien-Koog

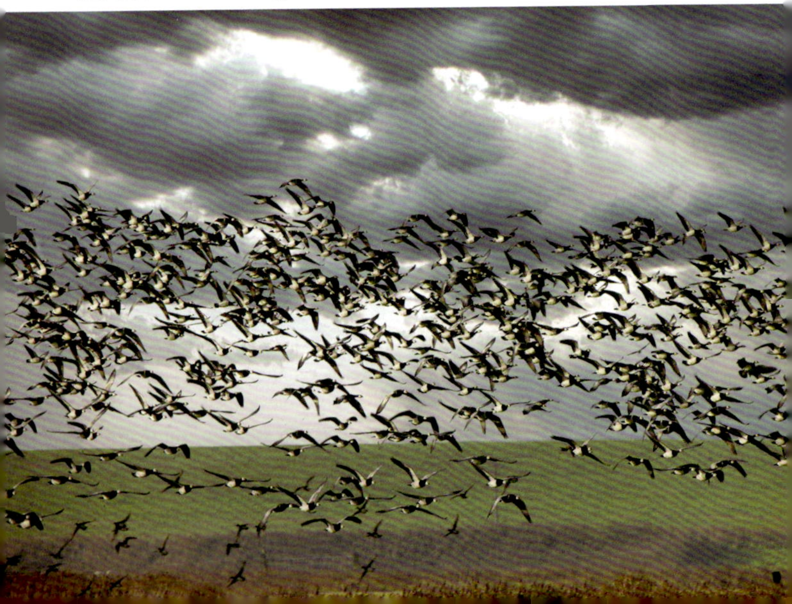

Nach etwas mehr als 400 m passieren Sie ein **Siel ❶**, über das der Wasserstand in den beiden Speicherbecken geregelt werden kann. Nach einiger Zeit macht der ansonsten schnurgerade Deich einen Rechtsschwenk. Hier stoßen Sie auf den breiten Neuen Bongsieler Kanal, in den weiter nordöstlich die Lecker und die Soholmer Au münden. Über den Kanal werden die beiden Gewässer in das nördliche Speicherbecken geleitet.

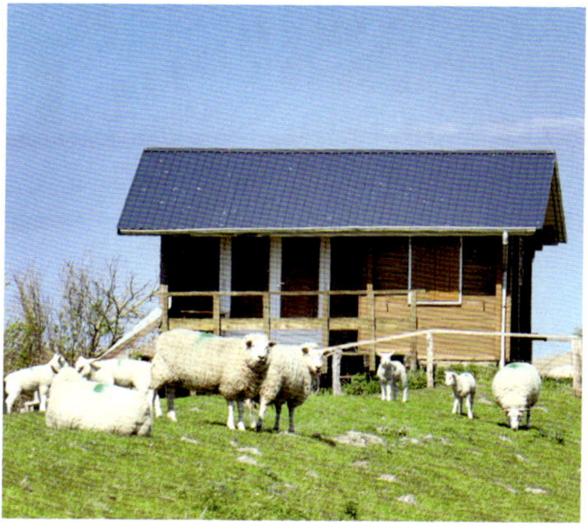

An der Hütte des Vereins Jordsand kann man eine Pause machen

Etwas mehr als 500 m nach dem Knick müssen Sie noch vor einem **Hecktor ❷** rechts auf einen ebenfalls niedrigen, mit Gras bewachsenen Deich abbiegen. Auch hier werden Sie argwöhnisch von Schafen beäugt. Auf dem Deich wandern Sie ebenfalls schnurgerade in südöstlicher Richtung, bis Sie nach etwa 1,3 km an eine **Holzhütte ❸** vom Verein Jordsand gelangen. Hier haben Sie einen schönen Blick auf das südliche Speicherbecken und können am Deich eine Pause einlegen. Bänke gibt es leider nicht.

Etwa 600 m weiter gelangen Sie an den **Bongsieler Priel ❹**. Das heute stehende Gewässer hat keine Verbindung mehr zur Nordsee oder zum ursprünglichen Bongsieler Kanal. Auch hier können Sie sowohl im Speicherbecken als auch im Bongsieler Priel sehr gut Wasservögel beobachten.

Der Deich verläuft noch etwa 500 m weiter geradeaus und schwenkt dann nach links auf einen hohen Grasdeich zu, auf dem Sie nach rechts gehen. Hier haben Sie einen guten Blick auf das südliche Ende des Speicherbeckens und können auch hier zahlreiche Vögel beobachten.

Der Deich stößt nach wenigen Hundert Metern an die Landstraße, an der Sie rechts bis zum Seedeich gehen, wo Sie gleich an dem ersten Deichaufgang an einem Parkplatz auf die Deichkrone wechseln können. Auf ihr wandern Sie, mit schönem Blick auf die Nordsee, rechts Richtung Schüttsiel.

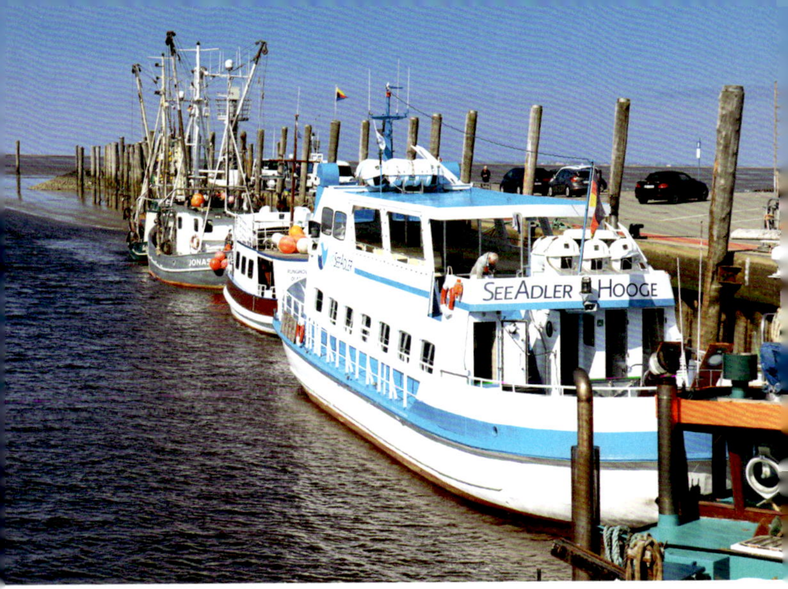

Im Hafen Schlüttsiel liegen neben Ausflugsschiffen auch Krabbenkutter

Nach etwa 800 m können Sie einen kurzen Abstecher zu einer **Vogelbeobachtungshütte ❺** machen, die am Rand des Kooges auf der anderen Straßenseite steht. Die Hütte ist ein beliebter Treffpunkt von Birdwatchern (Vogelbeobachter), die hier mit ihren Spektiven oft stundenlang Vögel beobachten oder sie mit langen Brennweiten fotografieren.

Auf der Deichkrone wandern Sie weiter in nordwestlicher Richtung, bis Sie in Höhe des Parkplatzes in Schlüttsiel ankommen. Dort können Sie vorbei am Grünstrand weiter in den kleinen Hafen gehen, wo die Ausflugs- und Fährschiffe ablegen und einige Krabbenfischer ihre Heimat haben. Wenn Sie Glück haben, ist ein Schiff vom Fang zurück und Sie können frische Krabben nebst Beifang kaufen. Feste Zeiten dafür gibt es nicht, die hängen von Tide, Wetter, Jahreszeit und anderen, dem Uneingeweihten nicht immer verständlichen, Faktoren ab. Anschließend kehren Sie zum Parkplatz zurück.

Empfehlenswert, besonders für Kinder, ist ein Blick in den Infoturm Watt'n Blick (🚪 tgl. 8:00-20:00), der etwas nördlich des Hotels liegt. Hier erhalten Sie einen guten Eindruck vom Deichbau, Küstenschutz, der Entwässerung und den Kögen und können mit optischen Hilfsmitteln einen Blick in die Mikrowelt des Wattenmeeres werfen.

9 Dagebüll – Deichwanderweg

Wanderung von der Moderne in die Vergangenheit

Dagebüll ist nicht nur Tor zu den Inseln Föhr und Amrum, sondern selbst staatlich anerkannter Erholungsort am Nationalpark Wattenmeer. Auf der kurzen Rundtour lernen Sie einige Facetten des Ortes kennen: Vom immergrünen Badedeich mit seinen vielfältigen touristischen Angeboten wandern Sie in den alten Ortsteil Dagebüll-Kirche, wo sich Kirche, Friedhof und Wohnhäuser auf Warften befinden. Zurück geht es auf dem Seedeich zum modernen, betriebsamen Fährhafen Dagebüll Mole.

Start/Ziel: Parkplatz am Badedeich, GPS N 54°43.676' E 008°41.674'

7,2 km

2 Std.

25 m/25 m, nur mäßige An- bzw. Abstiege

0-10 m

keine Markierung, aber an einigen Stellen Hinweis auf den Deichwanderweg

Die Wanderung verläuft zum größten Teil auf befestigtem Untergrund, zu einem kleineren Teil auf Gras, etwa 1,5 km verlaufen entlang von Straßen.

In Dagebüll gibt es ein vielfältiges gastronomisches Angebot und unterwegs etwa 100 m abseits des Weges in Dagebüll-Kirche das Restaurant To olen Slüüs (km 3,1).

zahlreiche Bänke entlang der Strecke, besonders schöne Rastplätze an der Kirche (km 3) und am Fething auf der Nommenswarft (km 4,3)

WC mehrere Toilettenhäuschen am Badedeich

verschiedene kleinere Geschäfte in Dagebüll

Wer baden oder ins Watt möchte, findet ausreichend Gelegenheit am bewachten Grünstrand Dagebülls zu Beginn der Tour, Duschen und WC vorhanden.

Bis auf den Grünstrand am Badedeich gleich zu Beginn der Wanderung und den interessanten Betrieb im Fährhafen am Ende der Tour gibt es für Kinder keine besonderen Attraktionen.

Die Tour ist auch für Wanderer mit Buggy geeignet, allerdings muss ein etwa 700 m langer Abschnitt zwischen der Landstraße und Dagebüll-Kirche auf der grasigen Deichkrone zurückgelegt werden.

Hunde sind auf einem Großteil der Strecke an der Leine zu führen, einen kleinen Hundestrand gibt es unterhalb des alten Leuchtturms.

P kostenpflichtiger Parkplatz am Badedeich

Linie 1022 nach Niebüll und Leck, Haltestellen am Weg: „Dagebüll Kirche" (km 3,2), „Dagebüll Peterswarft" (km 3,8) und „Dagebüll Mole" (km 6,9), nur an Schultagen und nur sehr wenige Fahrten

Regionalbahn RB 65 Niebüll – Dagebüll Mole mit Bedarfshaltestelle in Dagebüll-Kirche (km 3,2), tgl. etwa stündlich

i Tourist-Information Dagebüll, Nordseestraße 1, 25899 Dagebüll, ☏ 046 67/950 00, Mo-Fr 9:00-12:30 und 13:00-17:00

Vom Parkplatz gehen Sie auf einem der Zugänge hinauf auf den Deich. Wer keine Kurkarte hat, muss hier am Automaten die Kurabgabe bezahlen. Oben angekommen stehen Sie auf der neuen, schmucken Deichpromenade, die im Zuge von Deichbaumaßnahmen 2019 fertiggestellt wurde. Von ihr haben Sie einen schönen Blick auf das Wattenmeer mit den Halligen und der Insel Föhr. Links hinter Föhr können Sie bei guter Sicht Amrum erkennen und rechts Sylt. Nur einen Steinwurf entfernt liegt rechts der Fährhafen Dagebüll Mole. Auf dem Grünstrand stehen in der Saison Strandkörbe und in Reih und Glied die berühmten Badebuden. Während Sie einen der Strandkörbe mieten können, gilt das für

Der Alte Leuchtturm wird an Feriengäste vermietet

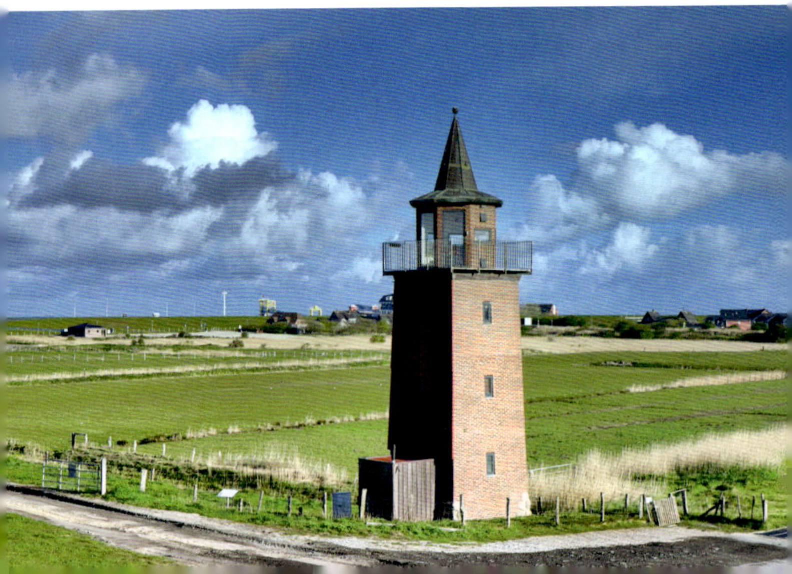

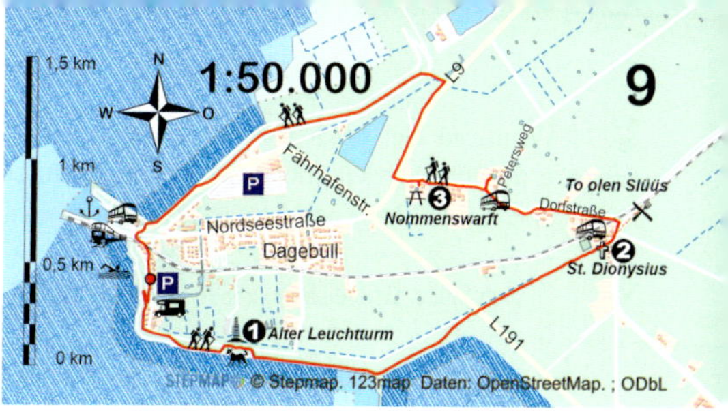

die bunten Badebuden nicht. Sie sind eine Besonderheit Dagebülls, gehören einzelnen Familien und können nur von diesen genutzt und weitervererbt werden. Die Tradition geht auf das Jahr 1927 zurück und soll die Anzahl der Buden begrenzen.

Sie wandern auf der Deichpromenade oder auf dem Treibselabfuhrweg an der Wattkante nach links in südliche Richtung und folgen dem Deich um den Linksschwenk. Dahinter endet die Promenade und Sie wandern entweder am Deichfuß oder auf der Deichkrone weiter. Nach wenigen Hundert Metern erreichen Sie den **Alten Leuchtturm ❶**. Der viereckige Turm aus Backstein hat eine Höhe von 15 m. Er wurde 1929 errichtet, 1988 aber wieder außer Dienst gestellt. Heute ist er in Privatbesitz und wird an Urlauber vermietet.

Hinter dem Leuchtturm sehen Sie den Betriebshof der Halligbahn, die von hier nach Oland und Langeneß fährt. Sie versorgt die beiden Halligen mit sämtlichen Gütern. Etwas weiter überqueren Sie die Gleise und folgen dem Deich, wenn er einen Linksbogen macht. Hier führen die Gleise der Halligbahn in das Wattenmeer und Sie können den schnurgeraden Verlauf bis zur Hallig Oland in 4 km Entfernung gut verfolgen.

Nach etwa 500 m macht der Nordseedeich einen Rechtsknick. Hier verlassen Sie ihn, kreuzen die Landstraße und wandern dahinter, argwöhnisch von Schafen beäugt, auf dem alten Deich weiter. Aufpassen sollten Sie auf die sogenannten deichtypischen Hindernisse, womit hier vor allem Schafskot gemeint ist. Es erfordert schon viel Aufmerksamkeit, um nicht in die vielen Haufen zu treten.

Voraus ist der Turm der **Dagebüller Kirche St. Dionysius ❷** zu sehen und zwischen Äckern rechts und Schafweiden links wandern Sie auf dem Deich dem Bauwerk entgegen. Der 1731 errichtete Backsteinbau, der ursprünglich reetgedeckt war, seit 1863 aber ein Schieferdach trägt, thront auf einer Warft und ist weithin sichtbar. An der Kirche finden Sie auf mehreren Bänken gute Möglichkeiten für eine Rast.

Sie verlassen die Kirchwarft im Osten und gelangen an einer Stöpe (Deichdurchlass) auf die Dorfstraße, der Sie nach links und über die Gleise der Regionalbahn Niebüll – Dagebüll folgen. Links sehen Sie die Bedarfshaltestelle der Bahn.

☺ ↳ Wenn Sie hier noch vor den Gleisen rechts in die Straße Osterdeich gehen, erreichen Sie nach 100 m das Restaurant To olen Slüüs, wo Sie vor allem mit norddeutschen Fischspezialitäten verwöhnt werden.

✕ To olen Slüüs, Osterdeich 4, 25899 Dagebüll, ☏ 046 67/373, Do-Mo ab 17:30

Am Rand der kaum befahrenen Straße passieren Sie die Bushaltestelle „Dagebüll-Kirche", die Söschenswarft und die Tyenswarft und erreichen dahinter den alten Warftfriedhof. Seit 1884 wird die Warft als Friedhof genutzt, vorher stand hier ein Armenhaus und ein Gebäude, das als Gefängnis diente.

Hinter dem Friedhof gelangen Sie an die Pension auf der Peterswarft (Bushaltestelle), auf der Sie einen denkmalgeschützten Fething besichtigen können.

Schöner und mit einer Bank ein geeigneter Rastplatz ist der ebenfalls denkmalgeschützte Fething auf der **Nommenswarft ❸**, die Sie kurz vor der Landstraße auf der linken Seite erreichen.

Nur gut 100 m hinter der Nommenswarft stoßen Sie auf die viel befahrene Landstraße Niebüll – Dagebüll. Zum Glück gibt es einen abgetrennten Fuß-/Radweg, auf dem Sie nach rechts gehen. Nach 500 m können Sie die Straße auch schon wieder nach links (Zum Sommerkoog) Richtung Nordseedeich verlassen.

Auf der grasigen Deichkrone wandern Sie erneut von Schafen beäugt nach links. Rechts liegen Salzwiesen, die sich weit ins Watt hineinziehen, und voraus ist der Fährhafen zu sehen, der immer näher rückt.

Am Hafen angelangt, gehen Sie vor den Check-in-Schaltern für Kfz links. Wer sich den Betrieb genauer anschauen möchte, ↳ kann hinter den Schaltern rechts in den Hafen gelangen und den manchmal hektischen Betrieb beim Be- und Entladen der Fähren und deren Ein- und Auslaufmanöver aus sicherer Distanz verfolgen. Mehr als zwei Millionen Personen und etwa 220.000 Kfz werden hier jährlich auf ihrer Reise von und nach Föhr und Amrum abgefertigt. Ein kleiner Teil des tideunabhängigen Hafens ist noch den Fischkuttern vorbehalten. Hier können Sie frische Krabben direkt vom Kutter kaufen.

Sie verlassen den Hafen durch die Deichzufahrt (Nordseestraße) und gehen dahinter rechts, bis Sie nach etwa 200 m wieder an Ihrem Ausgangspunkt ankommen.

⑩ Rund um den Rickelsbüller Koog

Gemütliche Tour für Vogelliebhaber und Eisenbahnfreunde

Die einfache Rundtour verläuft um das Naturschutzgebiet Rickelsbüller Koog im äußersten Nordwesten Deutschlands. Im Westen schließt sich der Nationalpark Wattenmeer an und im Norden das dänische Naturschutzgebiet Margrethe Kog. Von vielen Stellen, u. a. einer Beobachtungshütte, haben Sie ausgezeichnete Sicht auf den Koog, in den zahlreiche größere und kleinere Gewässer eingebettet sind, und können zahlreiche Brut- und Rastvögel beobachten. Vom Herbst bis zum Frühjahr bevölkern Tausende Zugvögel, die hier ihre Fettreserven für den Weiterflug auffüllen, das Gebiet. Dazu kommen eine Vielzahl von Wintergästen. Besonders bemerkenswert ist die kleine Brutkolonie der Nonnengänse, deren Brutgebiet eigentlich 2.700 km entfernt in Sibirien liegt.

Für Eisenbahnfreunde ist der südliche Abschnitt von Interesse. Dort können Sie aus nächster Nähe die auf dem Hindenburgdamm nach Sylt fahrenden Autozüge bewundern.

Start/Ziel: Parkplatz an der Nordwestecke des Rickelsbüller Koogs, GPS N 54°54.662' E 008°38.328'

12,7 km

3 Std. 15 Min.

↑↓ 10 m/10 m, auf der gesamten Strecke (bis auf den Deich) keine Steigungen

0-8 m

keine

Die schattenlose Wanderung verläuft zum größten Teil auf grasigen Wegen und Pfaden, stellenweise auf oder neben befestigten Wegen, die letzten knapp 2 km entlang einer kaum befahrenen Asphaltstraße.

keine

Rastmöglichkeit an der Beobachtungshütte (km 11,6)

WC Dixi-Klo am Ausgangspunkt

keine

keine

Die Tour bietet Kindern keine besonderen Attraktionen.

Der Rundweg ist für Buggys wegen längerer Abschnitte auf grasigem, nach Regen aufgeweichtem Untergrund nur bedingt geeignet.

Hunde sind im Nationalpark und im Naturschutzgebiet an der kurzen Leine zu führen.

P kostenloser Parkplatz am Ausgangspunkt
Bus: keine Anbindung

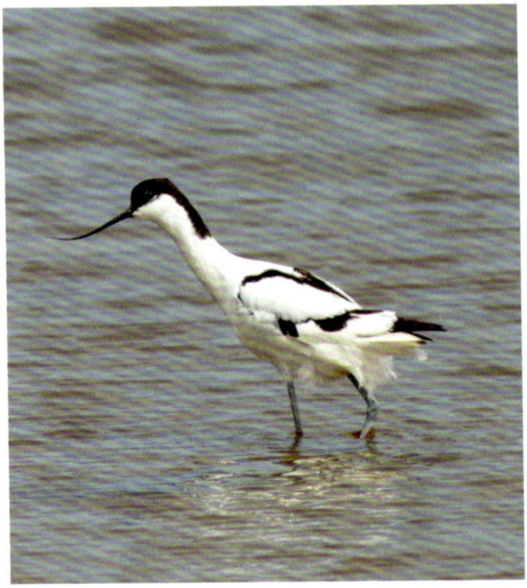
Die langbeinigen Säbelschnäbler kann man in vielen Bereichen des Koogs beobachten

Start und Ziel der Wanderung ist der Parkplatz am deutsch-dänischen Deich. Zahlreiche Schautafeln informieren über das Wattenmeer, den Deichbau und das NSG Rickelsbüller Koog. Ein Unterstand bietet Schutz bei Regen.

Vom Parkplatz gehen Sie am Deichfuß bis zu dem kleinen Schöpfwerk, passieren das Gatter und steigen hinauf auf den Deich. Hier betreten Sie den Nationalpark Wattenmeer, über das der Blick bis nach Sylt schweift. Links liegt das Naturschutzgebiet Rickelsbüller Koog mit seinen zahlreichen Gewässern.

Rickelsbüller Koog

Der Rickelsbüller Koog, das nördlichste Gebiet des deutschen Festlands, gehört zu den jüngeren Kögen. Mit der Eindeichung des gut 500 ha großen Koogs wurde 1979 begonnen. Zwei Jahre später waren die Arbeiten beendet. 1982 wurde der gesamte Koog zum Naturschutzgebiet erklärt. Er grenzt im Westen an den Nationalpark und im Norden an den dänischen Margrethe Kog, der ebenfalls als Naturschutzgebiet ausgewiesen ist. Anders als beim dänischen Nachbarn ist der Rickelsbüller Koog seit dem Deichschluss vollständig vom Zustrom von Salzwasser abgeschlossen, sodass sich durch die zunehmende Aussüßung eine einzigartige Tier- und Pflanzenwelt entwickeln konnte.

Sie folgen dem Deich Richtung Süden. Rechts und links werden Sie zur Zugzeit im Frühjahr und Herbst neben anderen Vögeln riesige Scharen von Ringelgänsen sehen können. Ein spektakuläres, lautes Schauspiel, wenn sich Tausende Vögel fast gleichzeitig in die Luft erheben. Nach etwa 4 km, kurz vor dem Hindenburgdamm, gelangen Sie an einen **Betriebshof ❶**.

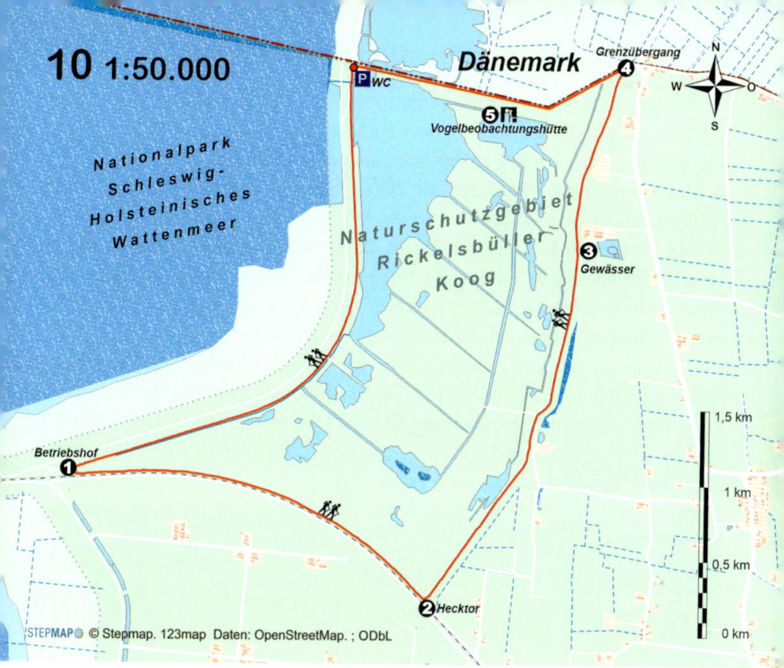

Hindenburgdamm

Der etwas über 11 km lange Damm zwischen Sylt und dem Festland wurde 1927 nach vierjähriger Bauzeit durch den damaligen Reichspräsidenten Paul von Hindenburg dem Verkehr übergeben. Die ausschließlich für den Zugverkehr vorgesehene Verbindung war ursprünglich einspurig, seit 1972 ist sie zweigleisig. Die Strecke ist ein Teil der sogenannten Marschbahn von Hamburg über Husum nach Westerland. Die Züge, die auch Autos transportieren, werden je nach Anbieter als Sylt-Shuttle oder Autozug Sylt bezeichnet. Die Verladung der Fahrzeuge auf spezielle Waggons erfolgt auf der Festlandseite in Niebüll und auf der Insel in Westerland.

Am Betriebshof verlassen Sie auf einem asphaltierten Weg das Nationalparkgelände nach links und wandern dann auf der Teerstraße entlang des Bahndammes in östlicher Richtung weiter. Nach 1,8 km, unmittelbar vor dem Deich, der den Koog nach Osten begrenzt, erreichen Sie an einer **Infotafel ein Hecktor ❷** links des Weges.

Sie gehen durch das Tor und können nun je nach Beschaffenheit des Untergrundes auf dem Deich wandern oder unterhalb auf einem nur leicht angedeuteten Fahrweg, der nach Regen aber sehr aufgeweicht sein kann. Auf Ihrem Weg in Grobrichtung Norden passieren Sie einige Gatter und kommen relativ nah an mehreren Gewässern vorbei.

Nach etwa 2,5 km gelangen Sie an ein besonders **großes Gewässer ❸**, wo sich im Frühjahr und Sommer große Mengen von Säbelschnäblern aufhalten. Hier lassen sich die schlanken, schwarz-weißen Vögel mit ihrem langen, aufwärtsgebogenen Schnabel gut bei der Nahrungssuche beobachten.

Sie wandern weiter, bis Sie am Ende des Deiches an eine Asphaltstraße stoßen. Wenn Sie hier wenige Schritte nach rechts gehen, kommen Sie an einen kaum frequentierten **Grenzübergang ❹** nach Dänemark.

Der kleine Grenzübergang nach Dänemark

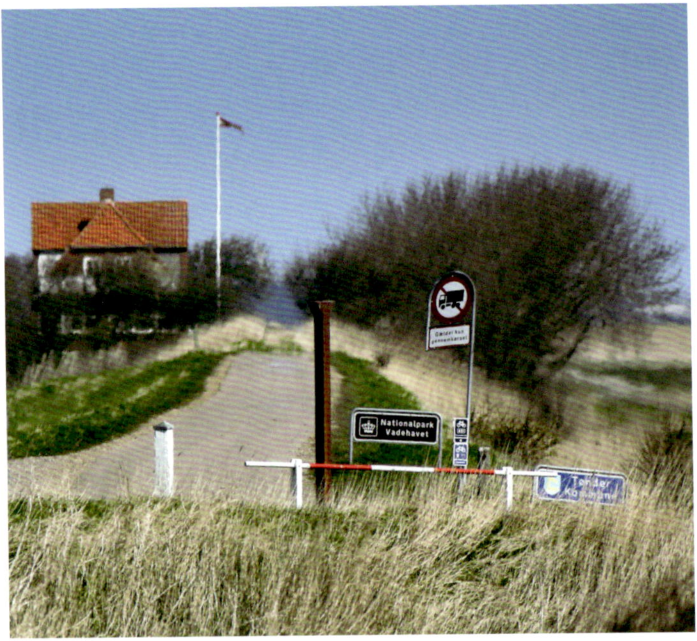

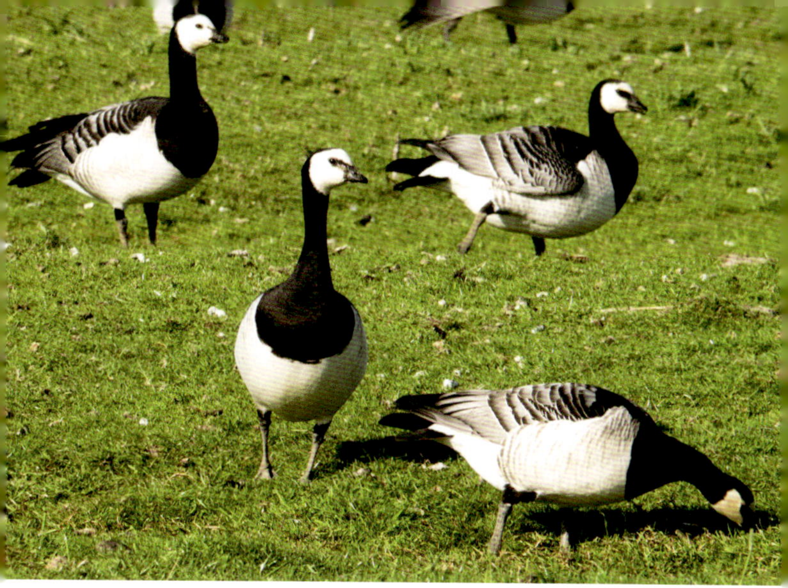

Bemerkenswert ist die kleine Brutkolonie der Nonnengänse, deren Brutgebiet eigentlich in Sibirien liegt

Der Wanderweg führt aber links entlang der Straße, die gleichzeitig die Grenze zu Dänemark bildet. Nach etwa 850 m stoßen Sie auf der linken Seite an den Zugang zu einer **Vogelbeobachtungshütte ❺**. Davor finden Sie noch zwei Bänke mit einem Tisch. Von der Hütte aus haben Sie einen guten Blick über ein größeres Gewässer und können ungestört zahlreiche Vogelarten beobachten.

Bis zu Ihrem Ausgangspunkt ist es von der Hütte aus nur noch gut 1 km entlang der Straße. Dabei haben Sie besonders auf der dänischen Seite nochmals die Möglichkeit, zahlreiche Vogelarten auf den Gewässern zu beobachten.

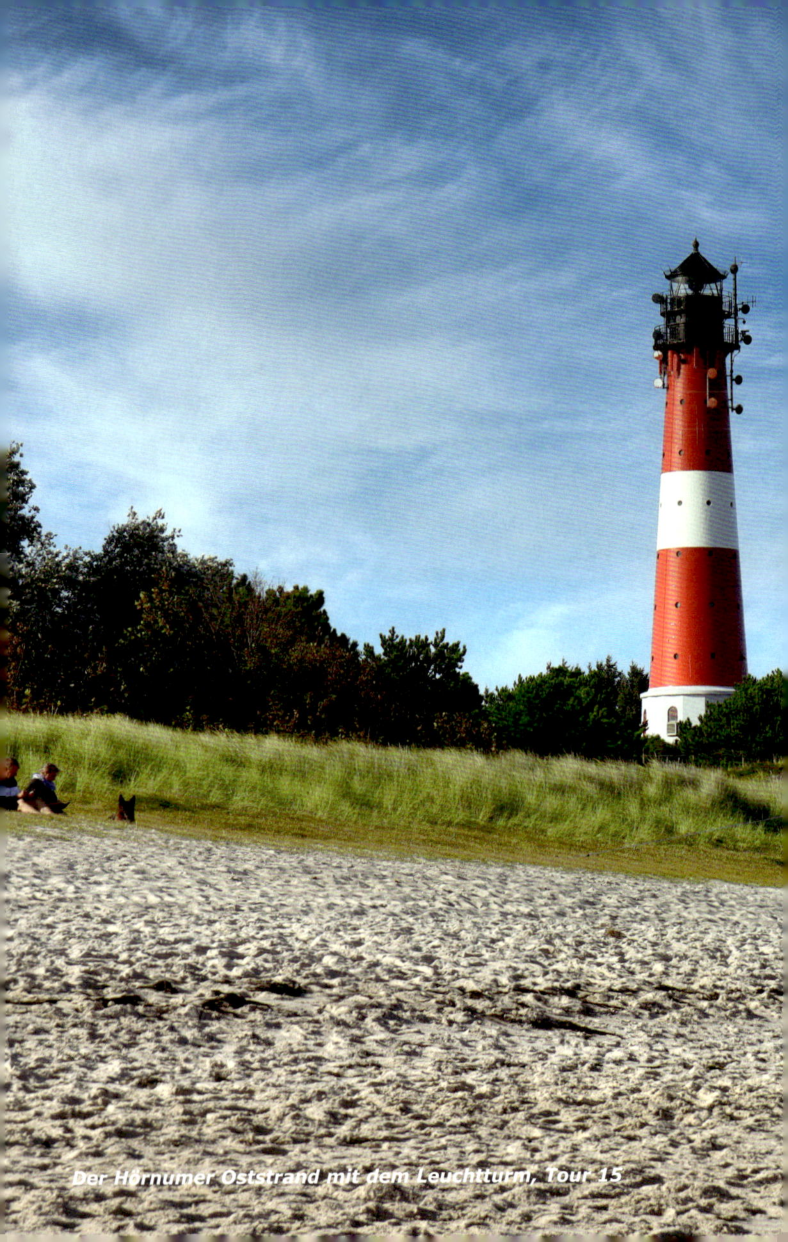

Der Hörnumer Oststrand mit dem Leuchtturm, Tour 15

Die Inseln

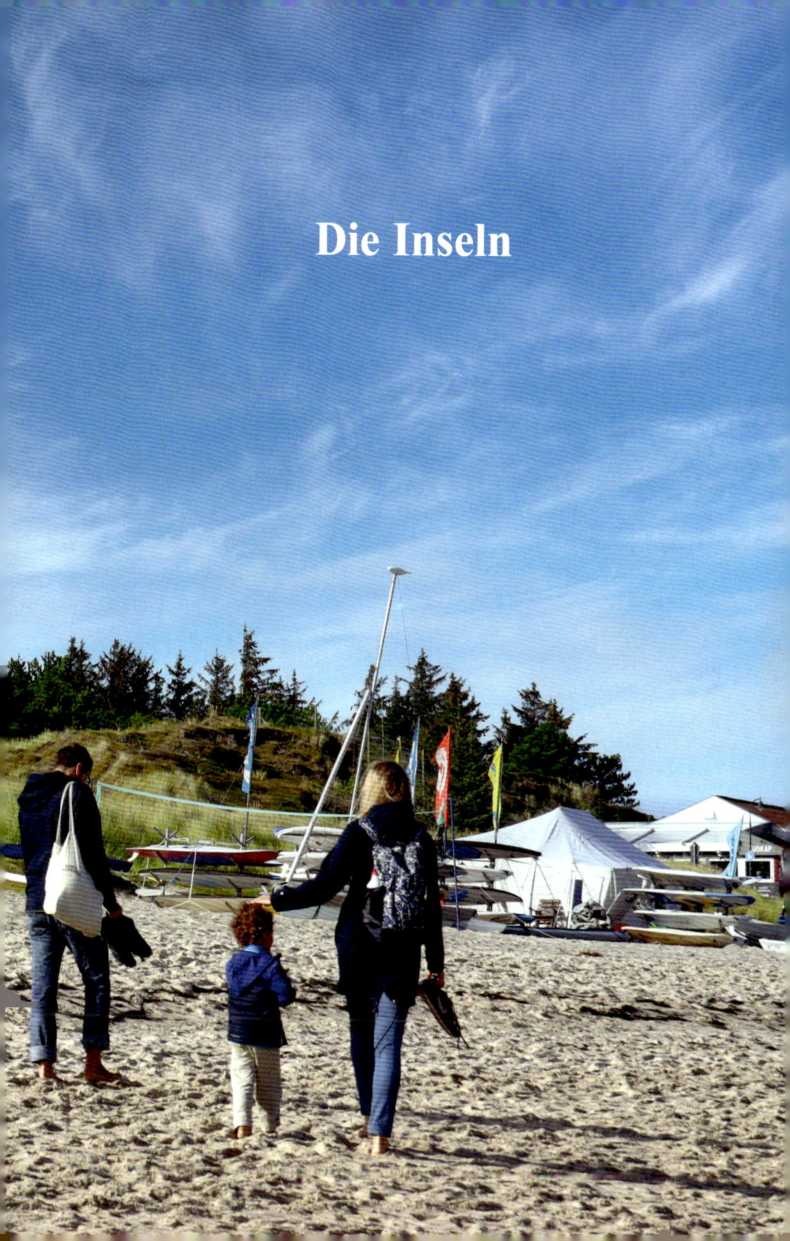

⑪ Sylt – Rund um den Ellenbogen

WC

Rundtour für Freunde schier endloser Sandstrände und Walbeobachter

Die hakenförmige, unter Naturschutz stehende Nehrung Ellenbogen, deren Strände zu den schönsten der Insel gehören, ist nicht nur der nördlichste Teil Sylts, sondern die nördlichste Landstelle Deutschlands überhaupt. Die Tour führt zunächst entlang der offenen See und des Lister Tiefs, das Sylt von der dänischen Nachbarinsel Rømø trennt. Hinter der Ellenbogenspitze wandern Sie am Königshafen entlang, einer großen natürlichen Wattenbucht, die sich bis zum Lister Hafen erstreckt. Abschluss der Wanderung bildet die Besteigung des knapp 30 m hohen Ellenbogenberges, von dem Sie die ganze Halbinsel überblicken und den zurückgelegten Weg verfolgen können.

Start/Ziel: kostenpflichtiger Parkplatz Weststrand bei List, GPS N 55°02.142' E 008°23.355'

13,9 km

5 Std.

50 m/50 m

0-30 m

keine

Die Wanderung verläuft zum größten Teil direkt am Sandstrand, wo man nicht immer festen Untergrund vorfindet und bei jedem Schritt tief einsinken kann. Deshalb sollten Sie deutlich mehr Zeit einplanen als Sie es normalerweise für eine 14 km lange Tour tun würden.

Bambus-Bar direkt am Parkplatz, Wonnemeyer Weststrandhalle am Wanderweg (km 0,2 und 13,7)

keine

WC am Parkplatz vom Strandzugang Nr. 8 und Nr. 4 (Abzweig bei km 5,4 und 9,3), am Parkplatz vom Strandzugang Nr. 7 und Nr. 6 (Abzweig km 6,6 und 7,8), am Ellenbogenberg (Abzweig bei km 13,5)

keine

Wegen starker Strömungen und gefährlicher Buhnenreste ist das Schwimmen am Ellenbogen in den meisten Bereichen verboten.

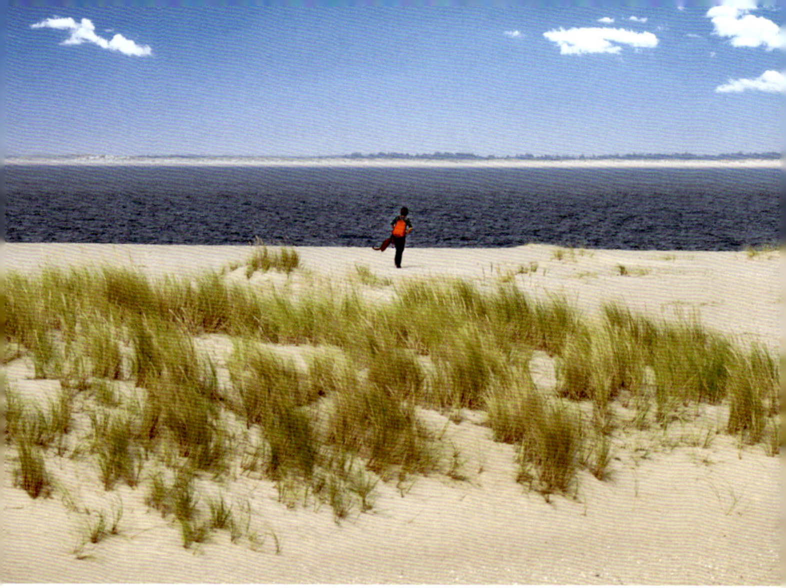

Auch in der Hauptreisezeit gibt es am nördlichsten Strand von Sylt kein Gedränge

Kinder finden auf dem kilometerlangen Strand vielfältige Beschäftigungsmöglichkeiten, aber unbedingt Badeverbote beachten.

Der Rundweg ist für Buggys wegen der langen Strandpassagen nicht geeignet.

Wegen des Naturschutzgebietes sind Hunde stets an der kurzen Leine zu führen.

P kostenpflichtiger Parkplatz an Start und Ziel

nächste Bushaltestelle, „Weststrand", der Linie 5 nach List direkt am Parkplatz

☺ Wem die ganze Tour zu lang ist, der findet entlang der gesamten Strecke Strandzugänge, die auf eine asphaltierte Straße führen, über die Sie auf Strandzugängen auf den Wanderweg auf der Südseite der Halbinsel gelangen oder wieder zum Ausgangspunkt zurückkommen können.

Vom Parkplatz wandern Sie vorbei an der Bambus-Bar und weiter bis zur Weststrandhalle von Wonnemeyer.

✕ Bambus-Bar, tgl. ab 11:00 bis ca. 20:00, je nach Wetter und Kundschaft

✕ Weststrandhalle, Ellenbogen 3, 25992 List, ☏ 046 51/87 02 66, warme Küche Di-Sa 12:00-21:00, So 12:00-17:00, Mo geschlossen, im Winter zeitweise geschlossen.

Hinter der Weststrandhalle kommen Sie gleich an einem kleinen Spielplatz an den Strandzugang Nr. 17, wo die Kurkarten kontrolliert werden bzw. gekauft werden können.

Über Stufen gelangen Sie hinunter zum Weststrand, wo Sie nach rechts weitergehen. Den festesten Untergrund finden Sie in der Regel nahe am Spülsaum.

Weststrand

Der Weststrand bei List bietet von Mai bis zum Herbst eine der besten Möglichkeiten, Wale zu beobachten. Vor Sylt und Amrum wurde ein großes Areal zum Walschutzgebiet erklärt, in dem heute etwa 6.000 Schweinswale leben. Die knapp 2 m langen, friedlichen Säugetiere kommen hier besonders dicht an die Küste, lassen sich oft vom Strandkorb aus beobachten und tauchen manchmal sogar zwischen den Badegästen auf. Im Winter, wenn sich die Wale weiter südlich um die ostfriesischen Inseln aufhalten, können Sie vor allem nach heftigen Stürmen Bernstein am Strand finden.

An weiteren Strandzugängen vorbei erreichen Sie nach etwa 2 km einen vor fast 100 Jahren mit schwarzen Basaltsteinen befestigten Uferabschnitt, der als **Ostindienfahrer-Huk ❶**, benannt nach einem Mitte des 18. Jh. gestrandeten Schiff, bezeichnet wird. Hier knickt die Küstenlinie um fast 90° nach Nordosten.

Am Ende des befestigten Abschnittes finden Sie den Strandzugang Nr. 12.

↳ Hier gelangen Sie zum Leuchtturm List West, der hoch oben in den Dünen steht und vom Strand nur von einigen wenigen Stellen aus zu sehen ist.

Die Lister Leuchttürme

Die beiden Zwillinge List West und List Ost wurden 1857 vom dänischen König Frederik VII., der damals die Herrschaft über Sylt ausübte, erbaut. Der 11 m hohe, aus Gusseisenplatten bestehende weiße Leuchtturm List West ist das nördlichste Gebäude Deutschlands.

Der Leuchtturm List Ost, der etwa 3 km weiter östlich steht, ist mit 13 m etwas höher und mit seiner markanten roten Bauchbinde ein echter Hingucker in der Dünenlandschaft.

Im Norden kommt nun die dänische Insel Rømø in Sicht und bald erreichen Sie den durch ein Schild gekennzeichneten **nördlichsten Punkt Deutschlands ❷**.

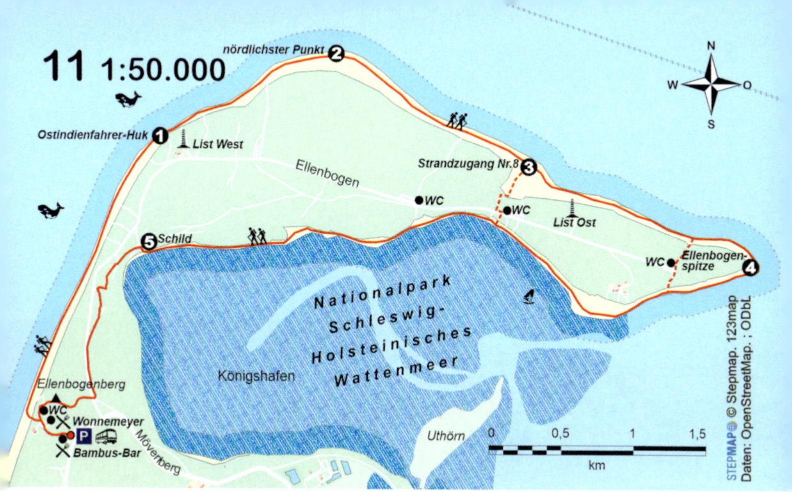

Von Rømø sind Sie durch das Lister Tief getrennt, durch das bei Flut riesige Wassermassen ins Wattenmeer fließen und bei Ebbe wieder heraus. Durch den starken Tidestrom hat sich eine über 30 m tiefe Rinne gebildet.

Sie wandern nun in südöstlicher Richtung. Nach etwas mehr als 1 km wird der Strand sehr breit. Hier befindet sich auch der **Strandzugang Nr. 8 ❸**, ↳ auf dem Sie zu einem Parkplatz mit WC an der Asphaltstraße kommen.

Voraus ist in den Dünen der **Leuchtturm List Ost** zu sehen, der Besucher durch einen Stacheldrahtzaun abhält.

Sie wandern am Leuchtturm vorbei und sollten jetzt auf die zu bizarren Gebilden verrosteten Stahlspundwände achten, um sich nicht zu verletzen. Die Stahlwände wurden in den 30er-Jahren des vorigen Jahrhunderts in die See getrieben, um die Küste vor Erosion zu schützen. Der erhoffte Erfolg blieb allerdings aus.

Sie wandern weiter am Strand entlang und gelangen zum Strandzugang Nr. 7, ↳ auf dem Sie erneut zu einem Parkplatz mit WC gelangen. Etwa 500 m weiter erreichen Sie die **Ellenbogenspitze ❹**. Ihre Route schwenkt jetzt nach Westen und Sie blicken in die ausgedehnte Wattenbucht **Königshafen**. Bei Niedrigwasser fallen weite Bereiche trocken und überall können Sie Watvögel beobachten, die im Schlick nach Nahrung suchen.

Sie passieren den Strandzugang Nr. 6, der zu einem Parkplatz mit WC führt, wandern unterhalb des Geländes der Ferienwohnungen Üthörn entlang und kommen zum Strandzugang Nr. 4, ↳ wo es ebenfalls zu einem Parkplatz mit WC und zur Kite- und Surfschule Sylt geht.

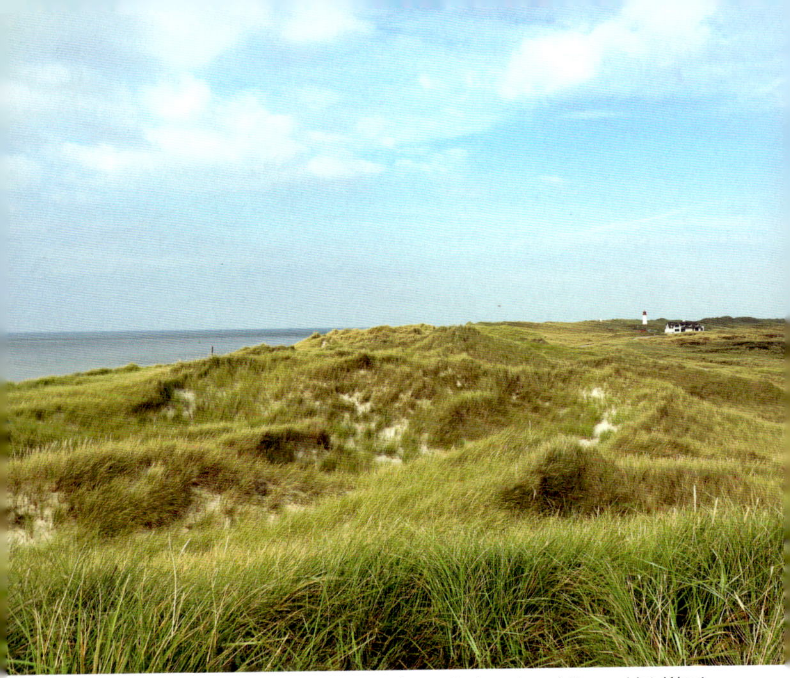

Blick vom Ellenbogenberg nach Norden mit dem Leuchtturm List West

Ihr Weg führt am Strand weiter. Links breiten sich mehr und mehr Salzwiesen aus und schließlich müssen Sie an einem **Naturschutzgebietsschild ❺** rechts Richtung Asphaltstraße gehen. Nach wenigen Metern gehen Sie links und wandern parallel zur Straße weiter, bis Sie kurz vor dem Mauthäuschen (das Befahren des Ellenbogens ist mautpflichtig) nach rechts die Straße überqueren und den Klinkerweg zum Ellenbogenberg aufsteigen.

Von dort haben Sie aus knapp 30 m Höhe eine ausgezeichnete Aussicht auf den **Ellenbogen** mit den beiden Leuchttürmen und die von Ihnen zurückgelegte Strecke.

Über Holzstufen steigen Sie ab, passieren ein WC mit Dusche und treffen wenige Meter weiter an den Strandzugang an der Weststrandhalle, von wo Sie in kurzer Zeit wieder an Ihrem Ausgangspunkt sind.

⑫ Sylt – Entlang des Roten Kliffs von Kampen nach Wenningstedt

Rundtour für Freunde langer Strandabschnitte und sandiger Dünenwege

Die bis zu 30 m hohe Steilwand des Roten Kliffs gehört zu den bekanntesten Sehenswürdigkeiten Sylts. Sind die nahezu senkrechten Wände aus einem rötlichen Sand-Lehm-Gemisch schon bei normaler Beleuchtung beeindruckend, so entfalten sie vor allem kurz vor Sonnenuntergang ihre besondere Magie, wenn sie von der roten Abendsonne angestrahlt werden. Die Wanderung bietet darüber hinaus aber noch weitere Highlights. So führt sie zur Uwedüne, dem höchsten „Berg" der Insel, verläuft auf einem der wenigen noch naturbelassenen Wege durch die Dünen oberhalb des Kliffs und schließlich für fast 3 km am schier endlosen Strand zwischen Wenningstedt und Kampen am Fuß des Kliffs zurück.

Start/Ziel: kostenloser Parkplatz Sturmhaube in Kampen, GPS N 54°57.716' E 008°20.023'

6,7 km

2 Std.

↑ ↓ 70 m/70 m

0-52 m

keine

Die Wanderung verläuft bis Wenningstedt auf naturbelassenen, teils tief sandigen Wegen und Pfaden, über größere Strecken auch auf Holzbohlen. Auf dem Rückweg wandern Sie am Strand entlang, wobei Sie den tragfähigsten Untergrund meist am Spülsaum finden.

Strandwirtschaft Onkel Johnny's (km 2,6 und 4,3), mehrere Möglichkeiten in Wenningstedt, z. B. Münchner Hahn (in der Nähe km 3,4)

im ersten Teil bis Wenningstedt zahlreiche Bänke in mehr oder weniger kurzen Abständen

WC an Start und Ziel am Strandzugang 29, bei km 3 und am Parkplatz Wenningstedt (km 3,4)

keine

Bademöglichkeiten entlang des Strandes von Wenningstedt bis Kampen, aber unbedingt die Hinweise (z. B. Kennzeichnung der Badefelder, Warnung vor Buhnenresten, Badeverbote) und Flaggensignale der Rettungsschwimmer beachten

Kinder finden auf dem Strandabschnitt von Wenningstedt nach Kampen ein ausgedehntes, vielfältiges Betätigungsfeld.

Der Rundweg ist für Buggys wegen der vielen sandigen Abschnitte nicht geeignet.

Ein Hundestrand befindet sich am FKK-Bereich bei Onkel Johnny' ❷. Ansonsten sind Hunde an der kurzen Leine zu führen, vom 15. März bis zum 31. Oktober auch an den ausgewiesenen Hundestränden. In dieser Zeit dürfen die übrigen Strandabschnitte mit Hund nur zum Durchqueren und nur an der Wasserlinie betreten werden. Vom 1. November bis zum 14. März ist das Mitführen von Hunden an vielen Strandabschnitten erlaubt.

P Kostenloser Parkplatz an Start du Ziel. Ein weiterer Parkplatz (gebührenpflichtig) in Wenningstedt ❸. Wer auf den Campingplätzen Kampen oder Wenningstedt untergekommen ist, gelangt nach kurzem Gang durch die Dünen ebenfalls zum Wanderweg.

nächste Bushaltestelle, „Kampen Dikstig", der Linie 1 nach Westerland bzw. List etwa 900 m entfernt, in Wenningstedt Bushaltestelle „Mitte" der Linien 1 nach Westerland bzw. List, 3 und 3a nach Westerland bzw. Keitum etwa 600 m entfernt vom Weg

☺ Das markante Gebäude Sturmhaube, das lange Zeit ein beliebtes Restaurant beherbergte, steht seit einigen Jahren leer. Nun soll es mit neuem Pächter und neuem Konzept 2021 neu eröffnet werden.

Start und Ziel ist der Parkplatz Sturmhaube in Kampen.

Am Parkplatz Sturmhaube lohnt zunächst ein Blick auf den riesigen Findling. Der etwa 20 t schwere Gneisgranit aus Skandinavien ist der größte bislang entdeckte Findling Sylts. Der mehr als eine Milliarde Jahre alte Fels gibt ein schönes Bild mit dem alten Quermarkenfeuer Kampen im Hintergrund ab.

Vom Felsen können Sie auf den westlichen Teil des Parkplatzes gehen, wo Sie in seiner nördlichsten Ecke zu einer Aussichtsplattform kommen, von der Sie einen guten Blick auf den Strand haben.

Am südwestlichen Ende des Parkplatzes beginnt ein Bohlenweg, auf dem Sie an einer weiteren Aussichtsplattform und dem seit 2017 geschlossenen Restaurant Sturmhaube vorbeiwandern.

Voraus können Sie das Hotel Rungholt sehen und dahinter die Uwedüne. Sie passieren eine weitere Aussichtsplattform und wandern dahinter auf einem naturbelassenen, sandigen Weg weiter. Kurz vor dem Hotel Rungholt stoßen Sie auf einen weiteren Wanderweg, den Sie nach rechts gehen. Am Hotel vorbei wandern Sie Richtung Uwedüne. Links davon sehen Sie den Leuchtturm Kampen. Der 1856 fertiggestellte weiße Turm, der heute immer noch in Betrieb ist, ist mit seiner schwarzen „Bauchbinde" eine markante Landmarke.

Am Fuß der **Uwedüne** ❶ angekommen steigen Sie über 110 Stufen auf einer Holztreppe auf die Aussichtsplattform der mit 52,5 m höchsten Erhebung Sylts. Von oben haben Sie eine großartige Aussicht auf einen großen Teil der Insel und weit hinaus auf das Meer. Sie können die Nachbarinseln sehen, das deutsche und dänische Festland und im Norden die dänische Insel Rømø.

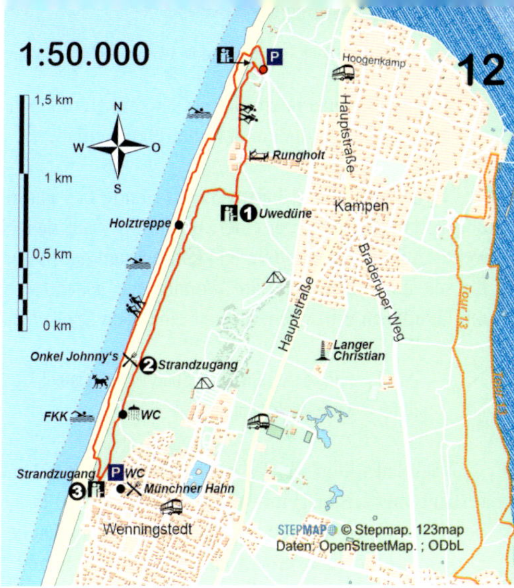

Uwedüne

Die Düne, die jährlich von über 100.000 Besuchern bestiegen wird, wurde nach dem Juristen Uwe Jens Lornsen benannt, der 1793 in Keitum geboren wurde und während seiner Zeit als Landvogt auf Sylt für die Vereinigung von Schleswig und Holstein und deren Unabhängigkeit kämpfte.

Seine Abhandlung „Über das Verfassungswerk in Schleswigholstein" gilt als erster in Deutsch geschriebener Verfassungsentwurf und führte zu seiner Verhaftung und Verurteilung zu einjähriger Haft. 1838 nahm sich Lornsen im Schweizer Exil am Genfer See das Leben.

Wieder unten am Fuß der Düne gehen Sie auf dem Wanderweg Richtung Rotes Kliff (Westen). Dort wandern Sie links in südliche Richtung weiter. Als Nächstes erreichen Sie den Strandzugang Nr. 30 mit einem Aussichtspunkt. Rechts geht es über eine mächtige Treppenanlage hinunter zum Strand, links kommen Sie zum Campingplatz Kampen.

Der Wanderweg führt weiter geradeaus durch Dünen auf einem der wenigen naturbelassenen Wege auf Sylt. Ein schöner, aber anstrengender Abschnitt, weil Sie stellenweise tief in den Sand einsinken.

Die angrenzenden Dünen sind sehr empfindlich und dürfen aus Natur- und Küstenschutzgründen nicht betreten werden.

Nach etwa 900 m haben Sie das Ende des naturbelassenen Weges erreicht und kommen wieder auf einen Bohlenweg, auf dem Sie gleich darauf auf einen weiteren **Strandzugang (Nr. 31) ❷** oberhalb der Strandwirtschaft Onkel Johnny's, die seit 2017 das legendäre Wonnemeyer ersetzt, treffen. Hier können Sie sich mit Getränken erfrischen und mit einfachen Speisen stärken.

Onkel Johnny's, Am Strand, 25996 Wenningstedt, 01 70/900 91 95, tgl. 12:00-20:00 Uhr, im Winter kürzer

Nach links führt der Weg zum Campingplatz Wenningstedt, der Wanderweg verläuft aber weiter geradeaus. Nach knapp 300 m führt ein Fahrweg nach links, den Sie ignorieren, und gut 100 m weiter kommen Sie an ein öffentliches WC mit Duschen. Dort führt erneut ein Zugang zum Strand (Nr. 32), den Sie ebenfalls ignorieren. Geradeaus beginnt ein Bohlenweg, der Sie im wechselnden Auf und Ab zum **Strandzugang nach Wenningstedt ❸** bringt, wo Sie geradeaus eine weitere Aussichtsplattform vorfinden.

Der Strandzugang in Wenningstedt

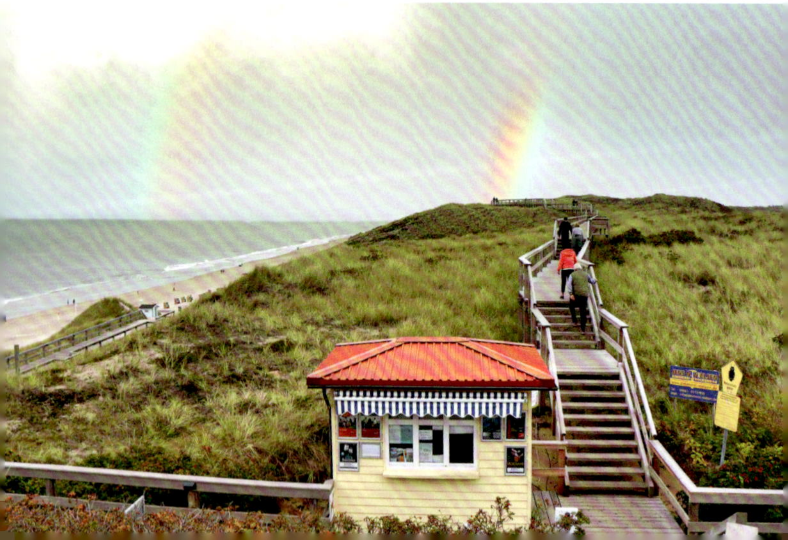

Links geht es zum gebührenpflichtigen Parkplatz (mit WC) in der Berthin-Bleeg-Straße, neben dem das bayrische Restaurant Münchner Hahn liegt.

Münchner Hahn, Dünenstr. 2, 25996 Wenningstedt, ☏ 046 51/415 09, tgl. 11:00-21:00 Uhr

Vom Kassenhäuschen (wer keine Kurkarte hat, muss hier die Kurabgabe entrichten) wandern Sie abwärts zum Strand und halten sich unten angekommen rechts. Den trittfestesten Untergrund finden Sie in der Regel nahe am Spülsaum.

Als Erstes passieren Sie das blaue Häuschen der Strandkorbvermietung Dünenwall, zu dem der Strandzugang Nr. 32 führt. Hier beginnt der FKK-Strandabschnitt. Selbstverständlich dürfen Sie diesen Abschnitt auch bekleidet überqueren, sollten sich aber strikt an das hier herrschende Fotografierverbot halten. Sie passieren erneut Onkel Johnny's Strandwirtschaft ❷, hinter der der FKK-Bereich endet.

Dann kommen Sie an eine Holztreppe (Strandzugang Nr. 30), die steil hinauf auf das Kliff führt. Hier beginnt der eindrucksvollste Teil des Roten Kliffs, das sich fast 30 m senkrecht über den Strand reckt. Es lohnt sich, die Steilwand mit ihren Einschlüssen und Erosionsrinnen einmal aus der Nähe zu betrachten.

Rotes Kliff

Das Rote Kliff ist eines der Wahrzeichen Sylts. Die Steilwand erstreckt sich über knapp 4 km von Wenningstedt bis Kampen. Das bis zu 30 m hohe, rostrote Steilufer diente über mehrere Jahrhunderte den Seefahrern als Orientierungshilfe, da es an der gesamten Nordseeküste von Holland bis Dänemark keine vergleichbare Formation gibt. Bereits in einer Seekarte vom Ende des 16. Jh. ist das Kliff eingezeichnet. Die ungewöhnliche rostrote Farbe des Lehm-Sand-Gemischs kommt durch Oxidation eisenhaltiger Bestandteile zustande.

Das Kliff ist durch verschiedene Naturgewalten stark gefährdet und es kommt immer wieder zu Abbrüchen. Durch Regen verursachte Erosionsrinnen lassen sich vor allem im nördlichen Teil gut erkennen. Durch Sturmfluten wurden immer wieder größere Bereiche abgebrochen. Seit Ende der 1970er-Jahre werden daher regelmäßig größere Mengen Sand am Westrand der Insel vorgespült, um die Küste zu schützen. Bisher haben die Maßnahmen den Landverlust zumindest verlangsamt.

1979 wurde das Gelände östlich des Roten Kliffs zwischen Wenningstedt und Kampen unter Naturschutz gestellt.

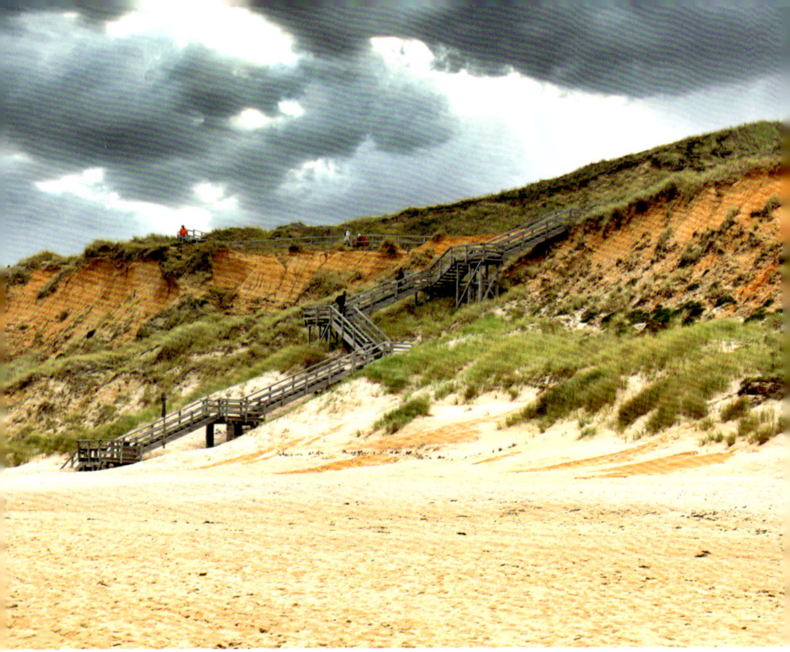

Treppenanlage am Roten Kliff

Bald kommt die Sonnenterrasse Kampen, eine großflächige Holzplattform, die auf zahlreichen in den Boden gerammten Holzpfählen steht, in Sicht. Sie wandern durch einen Abschnitt, der als Hundestrand ausgewiesen ist, und erreichen schließlich die Sonnenterrasse, auf der Sie sich auf einer der Bänke ausruhen und den schönen Blick auf die Nordsee, den breiten Strand und das Rote Kliff genießen können. Wer möchte, kann hier auch einen Strandkorb mieten.

Sie verlassen die Terrasse am Nordende und gehen auf dem barrierefreien Strandzugang (Nr. 29) vorbei am Häuschen der Kurkartenkontrolle und einem WC zurück zum Parkplatz an Ihrem Ausgangspunkt.

⑬ Sylt – Vom Weißen Kliff durch die Braderuper Heide nach Kampen

Rundtour für Freunde ausgedehnter Heideflächen

Die kurze Wanderung durch die Braderuper Heide ist in mehrfacher Hinsicht einmalig. Zum einen führt Sie komplett durch das 137 ha große gleichnamige Naturschutzgebiet, eine der letzten großflächigen Geestheiden Schleswig-Holsteins. Zum anderen verläuft der Weg stellenweise dicht am Ufer und auf den meisten Abschnitten haben Sie einen schönen Blick auf das Wattenmeer und das dahinter liegende Festland. Darüber hinaus erhalten Sie einen Eindruck von Kampen, wo Sie an zahlreichen exklusiven Strohdachvillen vorbeiwandern, und nicht zuletzt können Sie auf halber Strecke in der Kupferkanne, einem der angesagtesten Cafés der Insel, bei leckerem Kuchen und Kaffee eine Pause einlegen. Vielleicht treffen Sie dort sogar eine oder einen der vielen Prominenten, die sich hier gern aufhalten.

Start/Ziel: Wanderparkplatz in Braderup in der Straße Üp di Hiir, GPS N 54°55.861' E 008°21.405'

7,1 km

2 Std.

100 m/100 m

0-25 m

keine Markierung, aber stellenweise Wanderwegweiser

Die Wanderung verläuft zum größten Teil auf naturbelassenen, teils sandigen Wegen und Pfaden, stellenweise auf Holzbohlenwegen. In Kampen wandern Sie auf einer kurzen Strecke auf Asphalt.

Kupferkanne (km 4,3)

in kurzen Abständen Bänke

WC in der Kupferkanne (km 4,3)

keine

keine bewachte Badestelle, Möglichkeiten zum Aufenthalt am Sandstrand (km 1,3 und 3,6)

Für Kinder ist das Wrack der Mariann ein spannendes Ziel und mittendrin lockt in der Kupferkanne leckerer Kuchen.

Der Rundweg ist für Buggys wegen der vielen stufigen Abschnitte nur bedingt geeignet.

Hunde sind auf der gesamten Strecke an der kurzen Leine zu führen.

kostenloser Parkplatz an Start und Ziel

nächste Bushaltestelle, „Braderup", der Linien 3 und 3a nach Westerland etwa 400 m entfernt

Start und Ziel ist der große Wanderparkplatz in Braderup in der Straße Üp di Hiir. Vom Parkplatz gehen Sie auf einem Pfad Richtung Strand. Halten Sie sich an der Gabelung nach wenigen Metern links. Etwa 50 m weiter treffen Sie an einer Bank und Infotafel auf die Verlängerung der Straße Üp di Hiir, wo Sie sich rechts halten und auf einem Bohlenweg abwärts zum Strand gehen.

Unten angekommen lohnt ein kurzer Abstecher rechts zu einem Aussichtspunkt auf dem **Weißen Kliff**, den Sie nach knapp 100 m erreichen. Bei guter Sicht können Sie bis nach List und über die Keitumer Bucht bis an die dänische Küste schauen.

Weißes Kliff

Die etwa 15 m hohe Steilküste zwischen Braderup und dem 1 km südlich liegenden, kleinen Dorf Munkmarsch besteht aus hellem, weißem Kaolinsand, der vor etwa 2,5 Millionen Jahren entstanden ist.

Am Weißen Kliff führt eine Holztreppe zum Strand

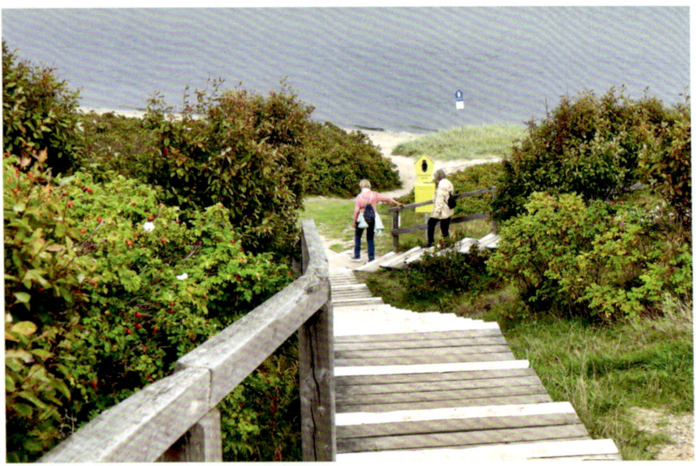

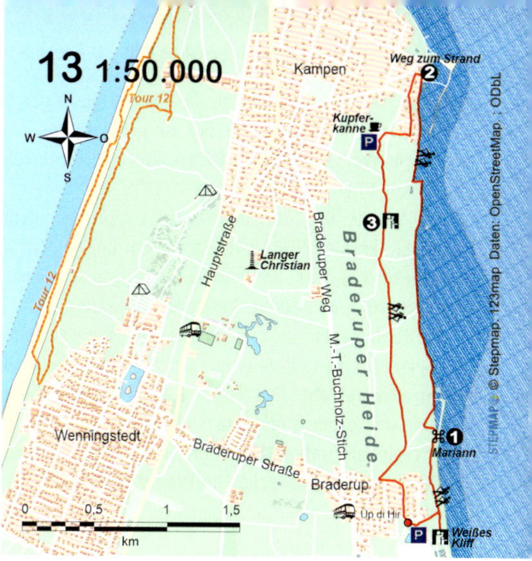

Wieder zurück an der Abzweigung geht es geradeaus auf dem Holzbohlenweg weiter. Sie wandern jetzt etwas erhöht über dem Meer durch die Heide mit schöner Aussicht auf die deutsche und dänische Küste. Links voraus bietet sich ein wunderbarer Blick über die Heide auf den Kampener Leuchtturm. Sie passieren einen links abzweigenden Bohlenweg und gelangen an den Strand. Von hier können Sie das Wrack der **Mariann** ❶ sehen. Von dem nur etwa 100 m vom Ufer entfernt liegenden Schiff ragen bei Hochwasser nur noch wenige Holzreste aus dem Wasser.

Mariann

Der hölzerne Dreimastschoner wurde 1961 von einigen Künstlern aus Schweden in den nahe gelegenen Hafen von Munkmarsch geschleppt, um ein schwimmendes Café zu errichten. Die Behörden durchkreuzten die ehrgeizigen Pläne der Initiatoren und verweigerten die entsprechenden Genehmigungen. Das Schiff musste den Hafen verlassen und lag fortan im Watt vor der Küste, wo es zum inoffiziellen Partyschiff wurde, bis es 1981 aus bis heute unbekannten Gründen abbrannte.

Der nächste Strandabschnitt ist aus Naturschutzgründen für Besucher gesperrt. Sie folgen dem Wanderweg nach links und gehen am Ende rechts. Etwa 200 m weiter führt ein Bohlenweg rechts zum Strand. Der Wanderweg verläuft hier weiter geradeaus zwischen Heide auf der linken Seite und einem rechts liegenden Schilfgürtel, der die Sicht auf das Meer versperrt.

Der Schilfgürtel weicht dann nach und nach einer Salzwiese und vor einem weiteren Strandbereich mit Betretungsverbot müssen Sie nach links wandern. Nach nur 50 m biegen Sie an einer Bank mit Infotafel und Wanderwegweiser rechts ab. Bald kommen Sie an die ersten Häuser von Kampen, imposante Strohdachvillen mit schönem Meerblick auf großen Grundstücken. Dann zweigt rechts erneut ein **Weg zum Strand ❷** ab. Wer will, erreicht ihn nach etwa 150 m über einen Holzbohlenweg.

Der Wanderweg führt an der Abzweigung geradeaus weiter. Nach nur 25 m biegen Sie links in eine kleine Straße ein und gehen 50 m weiter erneut links in den Quellenweg. Nun können Sie die Häuser, an deren Ostseite Sie eben vorbeigegangen sind, von deren Westseite bewundern.

Am Ende gehen Sie leicht versetzt links in den Osterheideweg und biegen am Wendekreis rechts auf einen zunächst gepflasterten Fußweg ab, auf dem es über Stufen aufwärtsgeht. Der Fußweg führt direkt auf das mit Kiefern bestandene Gelände der Kupferkanne, eines der bekanntesten Cafés der Insel, wo sich nicht nur Prominente treffen. Während Sie bei gutem Wetter im wunderbaren Kaffeegarten sitzen können, locken im Winter oder bei schlechtem Wetter die kunstvoll gestalteten Innenräume der ehemaligen Flakbunker.

Kupferkanne Kampen, Stapelhooger Wai 7, 25999 Kampen/Sylt, ☏ 046 51/410 10, tgl. 10:00-18:00, im Winter Mitte November-Heiligabend Betriebsferien

An der Kupferkanne halten Sie sich links und kommen auf den großen Parkplatz, auf dem Sie in südlicher Richtung bis zu seinem Ende gehen, wo Sie auf einen Pfad stoßen, der Sie auf einem besonders schönen Weg mitten in die Braderuper Heide bringt.

Braderuper Heide

Von den ehemals großen Heideflächen zwischen Kampen und Keitum ist heute bis auf wenige kleine Reste nur noch die Braderuper Heide, die 1979 als Naturschutzgebiet ausgewiesen wurde, als großflächige Heidelandschaft erhalten geblieben. Anders als die Dünenheiden, die auf natürliche Weise im Laufe der Zeit auf den Dünen entstehen können, ist die Braderuper Heide eine Geestheide, die durch menschliche Eingriffe entstanden ist. Ohne regelmäßige Pflegemaßnahmen wie Beweidung, Plaggen oder Abbrennen würde sie sich in relativ kurzer Zeit in einen Wald verwandeln.

Drei Pflanzen sind für die Braderuper Heide typisch: Die Krähenbeere blüht am frühesten. Im Frühjahr, manchmal schon im März, sind ihre unscheinbaren Blüten zu sehen und ab Juni sind die schwarzen Beeren reif. Die Glockenheide blüht ab Juli und die Besenheide Ende August/Anfang September.

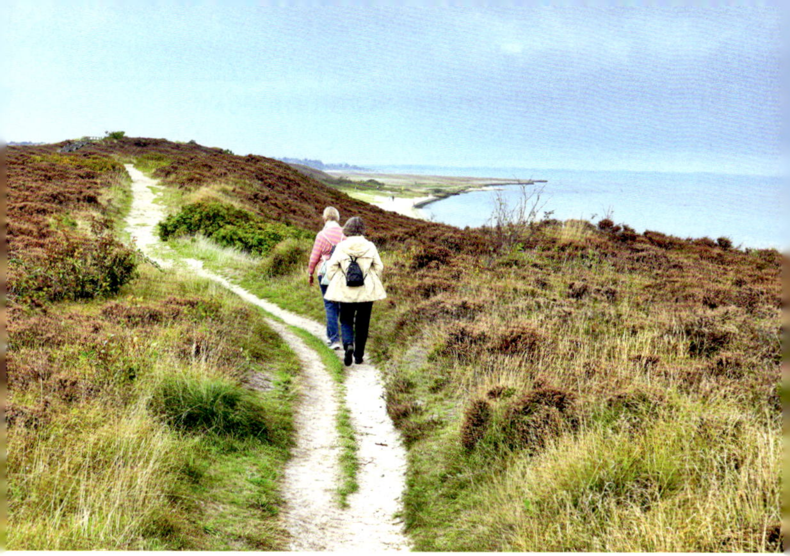

Durch die Braderuper Heide führen schöne Wanderwege

Auf einem Bohlenweg geht es dann stufig hinunter in ein Tal, wo Sie einen Schotterweg kreuzen. Dahinter führt der Weg ebenfalls auf einem Bohlenweg wieder aufwärts. Nach links sehen Sie über die Heide auf das Meer, rechts liegen Weiden und dahinter der Leuchtturm von Kampen. Mit etwas Glück vervollständigt eine Heidschnuckenherde im Vordergrund das Bild von diesem wahrhaft schönen **Aussichtspunkt ❸**.

Etwas weiter gelangen Sie an einen Schotterfahrweg, den Sie leicht rechts versetzt überqueren. Gleich dahinter halten Sie sich an der Gabelung links. Auf einem schönen Pfad wandern Sie nun wieder mitten durch die Heide. Informationstafeln klären über Pflanzen und Tiere sowie über Pflegemaßnahmen dieser Kulturlandschaft auf.

An der nächsten Kreuzung gehen Sie geradeaus und ignorieren den gut 100 m weiter rechts abzweigenden Weg. Dann kommen die Häuser von Braderup in Sicht und Sie erreichen eine Kreuzung, an der Sie nach rechts gehen. Gleich hinter der Kreuzung lädt eine Bank an einer Infotafel zu einer letzten Rast ein.

Nach 250 m erreichen Sie am Ortsrand die Asphaltstraße Üp di Hiir, der Sie nach links folgen. Nach knapp 200 m in einer lang gezogenen Rechtskurve gehen Sie weiter geradeaus in den Eske Wai, an dessen Ende Sie links versetzt wieder zu Ihrem Ausgangspunkt kommen.

⑭ Sylt – Rund um das Rantumbecken

WC

Rundtour für Vogelliebhaber

Die einfache Rundtour verläuft ganz um das 1936/37 eingedeichte Rantumbecken. Ursprünglich als militärischer Flugplatz für Wasserflugzeuge angelegt, hat das 568 ha große Becken heute eine herausragende Bedeutung als Brackwasserbiotop, vor allem für die Vogelwelt, und steht seit 1962 unter Naturschutz. Mehr als 260 Vogelarten konnten nachgewiesen werden, darunter 60 Brutvogelarten wie Küstenseeschwalbe, Rotschenkel und Säbelschnäbler. Die Wanderung verläuft zum größten Teil auf dem Deich, sodass Sie aus der etwas erhöhten Position eine gute Aussicht auf das Naturschutzgebiet haben und zahlreiche Gelegenheiten finden, die Vogelwelt zu beobachten.

Dazu passt ein Besuch in der nur wenige Meter vom Parkplatz entfernten Eidumer Vogelkoje, wo früher mit einem ausgeklügelten System Enten gefangen wurden.

Start/Ziel: kostenloser Wanderparkplatz am Entsorgungszentrum Remondis und der zentralen Kläranlage, GPS N 54°52.839' E 008°18.089'

10,4 km

2 Std. 30 Min.

10 m/10 m, keine nennenswerten An- bzw. Abstiege

0-5 m

an einigen Kreuzungen Radwegweiser mit Entfernungsangaben

Die Wege sind zum größten Teil fest mit feinem Split belegt. Lediglich im Norden wandern Sie auf der naturbelassenen, grasigen Deichkrone.

Hafenkiosk24 am Rantumer Jachthafen (km 7,4)

mehrere Bänke in unregelmäßigen Abständen, Schutzhütte am Ausgangspunkt, Unterstand mit Rastmöglichkeit (km 3,1), Rastmöglichkeit am Rantumer Jachthafen (km 7,4)

WC am Rantumer Jachthafen (km 7,4)

am Rantumer Jachthafen (km 7,4)

keine

Für Kinder bietet die Vogelkoje eine interessante Anlaufstelle, der Weg selbst allerdings nichts Besonderes.

Der Rundweg ist für Buggys gut geeignet. Lediglich im ersten Teil bis zum Ende des Entsorgungszentrum, ist der Pfad grasig und schmal, dahinter kann bis zum Infounterstand alternativ auf einen geschotterten Weg am Deichfuß ausgewichen werden.

Hunde dürfen die Wege nicht verlassen und sind an der kurzen Leine zu führen.

P kostenloser Wanderparkplatz am Entsorgungszentrum

nächste Bushaltestelle der Linie 5 nach Westerland bzw. Hörnum an der Zufahrt zur Jugendherberge Westerland – Dikjen Deel in etwa 400 m Entfernung

Vom Parkplatz gehen Sie zunächst wenige Schritte Richtung Entsorgungszentrum und Kläranlage und dort vor dem Zaun rechts. Nach gut 100 m gehen Sie am Ende des Geländes links über den Deich und folgen dahinter dem Wiesenpfad, der um das Gelände herumführt und am Ende wieder auf einen Deich trifft. Auf der grasigen Deichkrone lassen Sie nun schnell das wegen der Kläranlage manchmal etwas anrüchige Gelände hinter sich. Nach rechts haben Sie einen ausgezeichneten Blick auf das Rantumbecken und im Norden fällt die Sicht über den Nössekoog, der vorwiegend landwirtschaftlich genutzt wird, auf Westerland und Tinnum.

Auf dem Deich zwischen Nordsee und Rantum-Becken

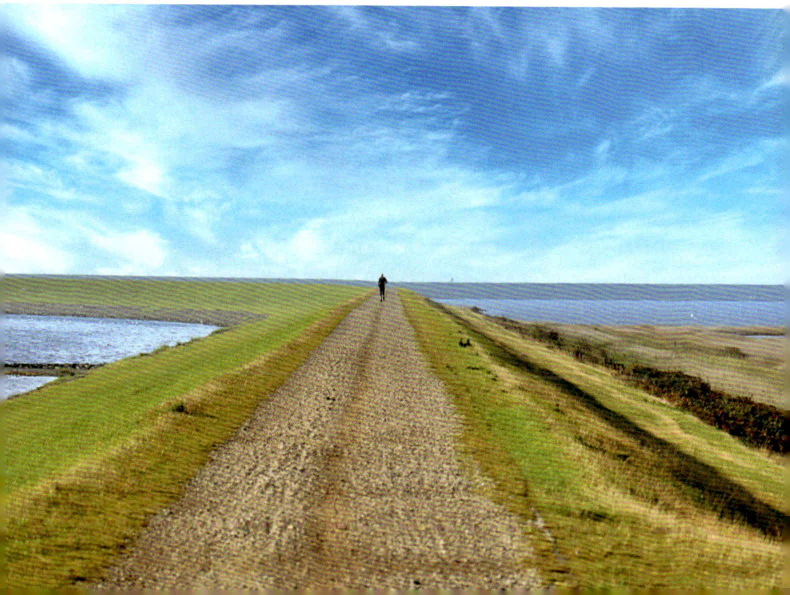

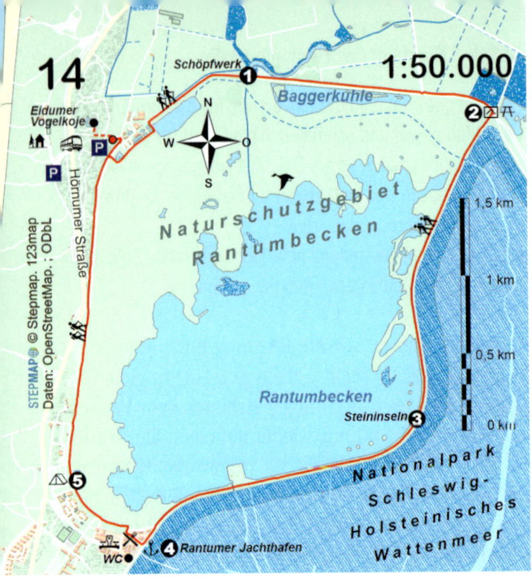

Schon von Weitem sehen Sie ein großes Gebäude auf dem Deich, das sich beim Näherkommen als **Schöpfwerk ❶** entpuppt, wo der breite Sielzug Waadens-Sill in das Becken fließt. Eine Bank bietet eine willkommene Gelegenheit für eine Pause.

Etwa 1,7 km weiter gelangen Sie an einen hölzernen **Unterstand ❷** mit zahlreichen Informationstafeln und eine Rastmöglichkeit mit Bänken und Tischen. Hier verläuft der Nössedeich weiter geradeaus in östlicher Richtung nach Morsum. Sie folgen dem Rantumbecken-Damm nach rechts auf der nun mit Splitt versehenen Deichkrone und passieren ein Deichsiel. Fast wie auf See sind Sie vom Wasser umgeben, links das Wattenmeer und rechts das immer offener werdende Rantumbecken mit seiner großen Wasserfläche.

In der Südostecke des Beckens wurden in der Nähe des Damms zahlreiche **Steininseln ❸** angelegt. Sie sind ein beliebter Rastplatz von Kormoranen, die hier ruhen und ihr nasses Gefieder trocknen. Dahinter passieren Sie ein weiteres Schöpfwerk und gelangen an den **Rantumer Jachthafen ❹**, wo Sie auf dem Parkplatz ein öffentliches WC und den Hafenkiosk24 finden. Hier können Sie Durst und Hunger stillen. Daneben befindet sich das Sylter Trading Kontor, das Spirituosen, Kaffee und Tee und Geschenkartikel verkauft. Bekannt ist das Geschäft u. a. für seine Whisky-Raritäten.

✕ Hafenkiosk24, Hafenstr. 24, 25980 Rantum, ☏ 046 51/73 91, tgl. 12:00-18:00

Sylter Trading Kontor, Hafenstr. 24, 25980 Rantum, ☏ 046 51/995 90 26, tgl. 11:00-18:00

Auf der Hafenstraße gehen Sie am Parkplatz und Hafenkiosk24 vorbei, wählen die erste Möglichkeit rechts und biegen dann auf dem geschotterten Wanderweg links ab, wo Sie gleich am Gebäudekomplex der Sylt Quelle vorbeiwandern.

Sylt Quelle

Das Wasser der Sylt Quelle wird aus Brunnen in 650 m Tiefe gefördert und in Rantum am Jachthafen in Flaschen gefüllt. Das wohlschmeckende Wasser hat einen hohen Jodgehalt. Darüber hinaus wird Sylter Brause hergestellt, die es in vielen verschiedenen Geschmacksrichtungen (in sausender Vielfalt) gibt. Man erhält die Produkte in vielen Supermärkten und Restaurants der Insel.

Nur wenig weiter beginnt das Gelände des **Campingplatzes Rantum ❺**, an dem Sie Richtung Norden entlangwandern, und schließlich kommen Sie am Entsorgungszentrum wieder an Ihren Ausgangspunkt.

☺ ⇘ Hier können Sie nun noch einen kurzen Abstecher zur **Eidumer Vogelkoje** machen, die an der Zufahrt zum Parkplatz knapp 200 m von ihm entfernt liegt. Die Eidumer Vogelkoje, die heute ein Natur-, Lern- und Begegnungsort ist, ist eine von drei Sylter Vogelkojen, in denen früher Enten gefangen wurden.

⌘ Eidumer Vogelkoje, Süderinge 1, 25980 Westerland, 📱 01 71/216 78 87, 🚪 Mitte Mai-Mitte Oktober Mo 10:00-12:00, Di und Do 14:00-18:00, Mi und Fr 16:00-18:00, Sa 11:00-13:00, So geschlossen, Eintritt frei

Blick über das NSG Rantum-Becken

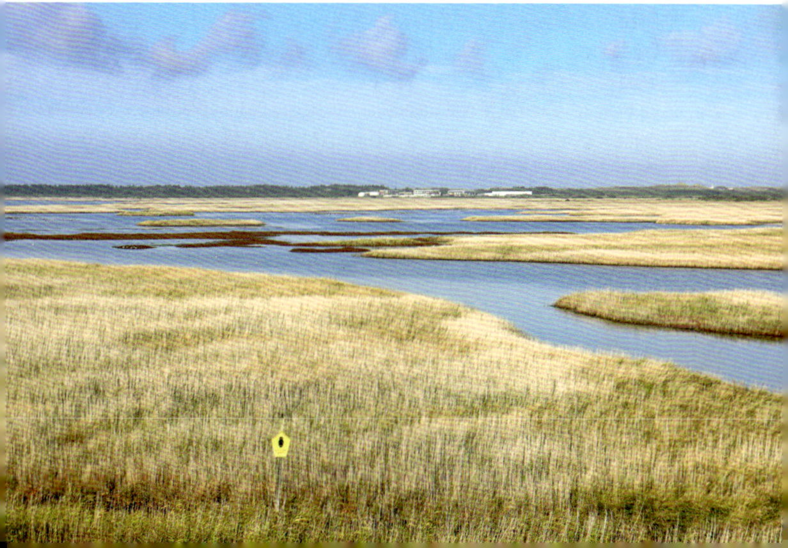

⑮ Sylt – Hörnum Odde

Rundtour für Strandfans und an Küstenschutz Interessierte

Die Rundtour führt einmal um die Südspitze Sylts, die sogenannte Hörnum Odde (Odde = spitze Landzunge), herum. Die etwa 2 km lange Landzunge steht mit ihrer Dünenlandschaft seit 1972 unter Naturschutz. Sie gehört zu den von der Gezeitenströmung und von Sturmfluten besonders bedrohten Regionen Sylts. Bei den großen Sturmfluten im vergangenen Jahrzehnt wurden große Teile der Odde ins Meer gerissen. Mit einem mächtigen Bauwerk aus Tetrapoden im Südwesten versucht man, der Erosion Herr zu werden.

Die Wanderung, die zum größten Teil über feinen Sandstrand führt, bietet wunderbare Blicke auf die Nordsee und die beiden Nachbarinseln Amrum und Föhr.

Start/Ziel: am Südende des Hörnumer Hafens, GPS N 54°45.449' E 008°17.613'

4,3 km

1 Std. 30 Min.

15 m/15 m, keine nennenswerten An- bzw. Abstiege

0-10 m

keine

Der längste Teil der Wanderung verläuft am Strand auf mehr oder weniger losem Sand.

an Start und Ziel Fisch- und Crêpebude, Kiosk und Bistro, unterwegs z. B. Restaurant Südkap (km 0,5), Restaurant Kap-Horn (km 3,2), Möller's Anker (km 4,1)

mehrere Bänke entlang der Strandpromenade, Rastmöglichkeit auch auf den Tetrapoden (ab km 2,2)

WC an Start und Ziel sowie am Weststrand (km 3,2)

mehrere Möglichkeiten in Hörnum, direkt am Weg z. B. der Edeka aktiv markt Dehn in der Rantumer Str. 16 (km 3,9)

Bademöglichkeiten gibt es am Oststrand und am Hauptstrand im Westen. Rund um die Spitze ist das Baden wegen starker Strömungen sehr gefährlich.

Die Tour ist kurz und führt zum größten Teil über Strände, wo die Kleinen viele gute Beschäftigungsmöglichkeiten finden.

Der Rundweg ist für Buggys nicht geeignet.

Einen Hundestrand gibt es am Weststrand in Höhe des Restaurants Kap-Horn. Ansonsten dürfen Sie in der Saison (15. März-31. Oktober) nur am Flutsaum und nur mit dem angeleinten Hund am Strand entlanggehen, außerhalb der Saison darf der Hund am Strand frei laufen. Auf den übrigen Abschnitten sind Hunde an der kurzen Leine zu führen.

P gebührenpflichtiger Parkplatz direkt am Hafen, ein weiterer gebührenpflichtiger Parkplatz an der Straße Blankes Tälchen am Wanderweg (km 3,9)

an Start und Ziel Bushaltestelle „Hörnum Hafen", am Weg „Hörnum Mitte" (km 3,9) der Linie 5 nach Westerland

Vom Hafen fahren die Ausflugsschiffe (z. B. Angelfahrten, Seehund- und Kegelrobbenbeobachtung) und Personenfähren (u. a. nach Amrum, Föhr, Helgoland und zu den Halligen) der Adler Reederei (☏ 046 51/987 08 88, www.adler-schiffe.de).

Vom Südende des Hafens mit Kiosk, Fisch- und Crêpebude (Crêpes tgl. 11:00-18:00) und Sylter Muscheln Bistro (Mi-Mo 12:00-22:00, Di Ruhetag) gehen Sie Richtung Strand zur Promenade, auf der Sie nach rechts weiterwandern. Etwas erhöht wandern Sie am feinen Sandstrand entlang, der zahlreiche Badegäste und Wassersportler anlockt. Rechts kommt der markante, rot-weiß gestreifte Leuchtturm in Sicht. Am Restaurant Südkap erreichen Sie das Ende der Promenade, hier wechseln Sie an den Strand.

Restaurant Südkap Sylt, Strandpromenade, 25997 Hörnum, ☏ 046 51/88 13 90, tgl. 11:00-18:00

Sie wandern um das **Südkap** ❶ herum, Amrum und Föhr liegen zum Greifen nahe und rechts erstrecken sich die Dünen, die unter Naturschutz stehen und nicht betreten werden dürfen. Nach der Umrundung des Kaps erreichen Sie eine lange Reihe großer **Tetrapoden** ❷ aus Beton, die als Wellenbrecher fungieren und die Küste vor Erosion schützen sollen. Die etwa 6 t schweren Kolosse bieten willkommene Sitzplätze.

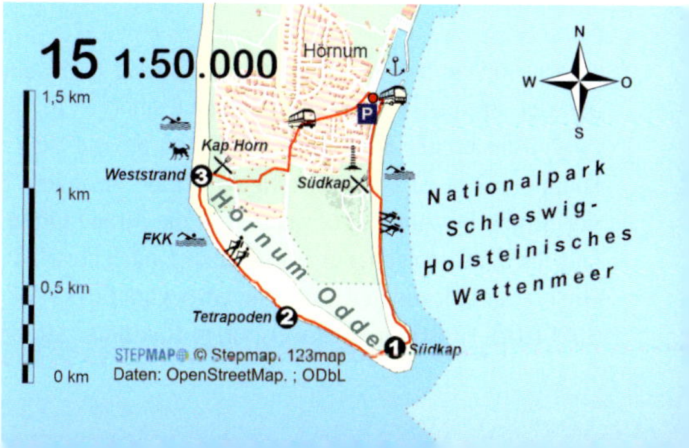

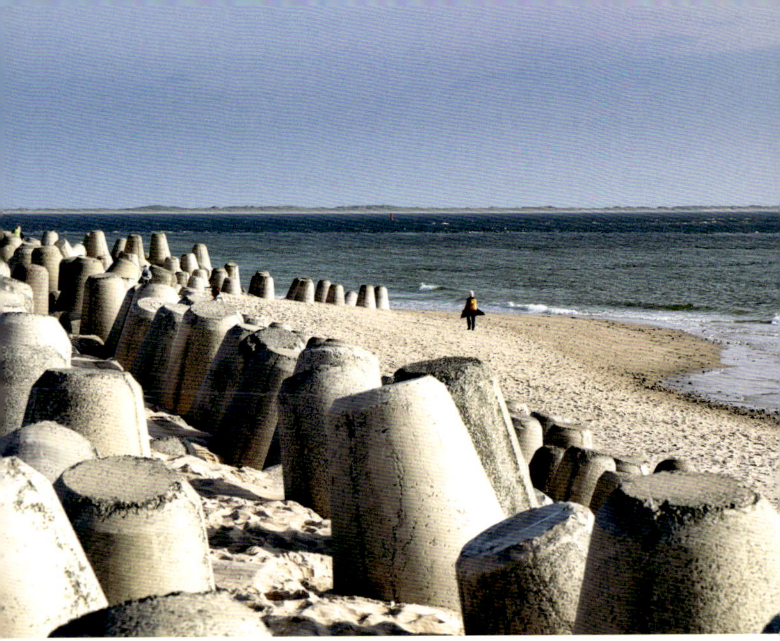

Die Tetrapoden aus Beton sollen die Küste vor Erosion schützen

Zwischen Nordsee und Dünen geht es in nördlicher Richtung weiter, bis Sie an den **Weststrand ❸**, Hörnums Hauptstrand, gelangen. Hier finden Sie neben einem Textil- auch einen FKK-Strand, ein WC, eine Hundeauslauffläche, die Strandsauna und das Strandrestaurant Kap-Horn.

✕ Restaurant Kap-Horn, Süderende 24, 25997 Hörnum, ☏ 046 51/88 15 48, Mi-Mo 11:00-21:00, Di Ruhetag, Betriebsferien Mitte Januar-Mitte Februar

Am Restaurant verlassen Sie den Strand und wandern am Restaurant vorbei auf der Straße (Süderende) ins Landesinnere. In der Rechtskurve der Straße zweigt ein breiter Sandweg nach Osten ab, auf dem Sie durch die Dünen nach knapp 150 m zu einer befestigten Straße gelangen. Sie gehen links und folgen der Straße bis zum Ende, wo Sie auf die Straße Odde Wai stoßen, der Sie ebenfalls nach links folgen. An der Kreuzung nach etwa 150 m gehen Sie etwas rechts versetzt geradeaus weiter, bis Sie vorbei am Edeka-Markt (Mo-Sa 7:30-19:00, So 11:00-17:00) an die zweispurige Rantumer Straße stoßen.

Hier gehen Sie rechts in die Straße Blankes Tälchen. Sie passieren einen Parkplatz, die Bushaltestelle „Hörnum Mitte" und das Restaurant Möller's Anker.

Restaurant Möller's Anker, Blankes Tälchen 8, 25997 Hörnum, ☏ 046 51/88 10 50, Di-Sa 12:00-14:30 und 17:30-22:00

Vom Restaurant sind es nur noch ca. 150 m entlang der Straße, bis Sie wieder an Ihrem Ausgangspunkt am Hörnumer Hafen angelangen.

Der Hörnumer Leuchtturm vom Weststrand aus gesehen

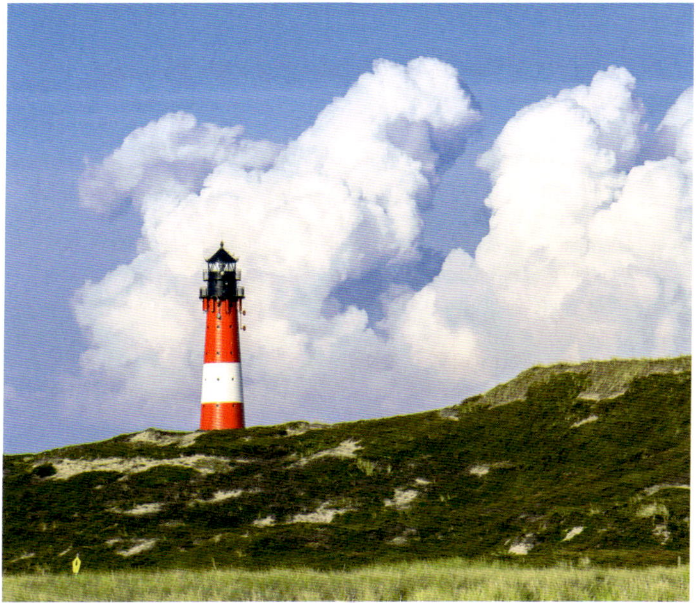

⑯ Föhr – Boldixumer Vogelkoje

Wanderung für an Natur- und Umweltschutz Interessierte

Die einfache Wanderung entlang der Ostküste bietet mit der Boldixumer Vogelkoje und dem Robbenzentrum Föhr allen, die an Natur- und Umweltschutz interessiert sind, gute Beispiele für private Initiativen und Engagement in diesem Bereich. Darüber hinaus ist die Tour abseits vom manchmal hektischen Treiben an den touristischen Hotspots der Insel ideal für alle, die es lieber etwas ruhiger mögen.

Start/Ziel: am Südende des Binnenhafens Wyk, GPS N 54°41.483' E 008°34.267'

9,5 km

2 Std. 30 Min.

15 m/15 m, keine nennenswerten An- bzw. Abstiege

0-10 m

keine

Die Wanderung verläuft auf befestigten, meist autofreien Wegen oder auf der mit Gras bewachsenen Deichkrone.

zahlreiche Möglichkeiten in der Nähe des Ausgangspunktes, unterwegs Café Klein Helgoland (km 0,7)

in unregelmäßigen Abständen Bänke

WC direkt am Weg keine, nächste öffentliche Toilette in der Fußgängerzone (Hafenstraße 44) etwa 50 m südlich von Start und Ziel

vielfältige Möglichkeiten in den Fußgängerbereichen südlich von Start und Ziel, ein großer Supermarkt etwa 100 m westlich des Binnenhafens

Bademöglichkeiten am Strand von Wyk, der etwa 100 m von Start/Ziel entfernt beginnt.

Für Kinder ist die Wanderung wegen der Vogelkoje und des Robbenzentrums (Öffnungszeiten beachten) gut geeignet und wenn der Tag dann noch mit einem Besuch am nahen Wyker Strand ausklingt, dürften auch die Kleinen zufrieden sein.

Die Tour bietet Wanderern mit einem Buggy keine Probleme.

Hunde sind über weite Strecken ganzjährig an der kurzen Leine zu führen.

P Mehrere, meist kostenpflichtige Parkplätze in der Nähe des Hafens. Der kostenfreie Großparkplatz Heymannsweg liegt nur gut 200 m westlich des Binnenhafens.

Haltestelle „Wyk Hafen" am Fähranleger 3 der Linien 1, 2 und 11 von Wyk nach Utersum über Nieblum

Informationen über die Insel erhalten Sie im Gebäude der Wyker Dampfschiffs-Reederei am Fährhafen (Am Fähranleger 1, ☏ 046 81/800, www.faehre.de, Mo-Fr 7:00-17:45, Sa, So & Fei erst ab 8:00) sowie im Internet bei der Föhr Tourismus GmbH (www.foehr.de).

Die Tour beginnt am Südende des Binnenhafens am Flutpfahl an der Südostecke. Auf dem sind die Wasserstände besonderer Sturmfluten der letzten Jahrhunderte abzulesen. Sie gehen an der Südseite des Hafens Richtung Westen und halten sich am Ende des Beckens rechts. Sie folgen dem Hafen, der weiter nördlich in den Sportboothafen übergeht, wo Sie auf den Nordseedeich stoßen.

Am Ende des Hafens passieren Sie das Café Klein Helgoland, das neben Kuchen auch regionale Gerichte anbietet.

Café Klein Helgoland, Achtern Diek 14, 25938 Wyk auf Föhr, ☏ 046 81/747 16 73, April-Oktober Mi-So 11:00-22:00

Hier haben Sie die Möglichkeit, auf dem asphaltierten Treibselabfuhrweg zu gehen oder oben auf der mit Gras bewachsenen Deichkrone.

Nach rechts bietet sich ein schöner Blick über das Wattenmeer mit den Halligen und hinüber zum Festland. Im Vordergrund können Sie oft zahlreiche Wasservögel beobachten. Besonders Haubentaucher sind hier häufig zu sehen und mit etwas Glück und Geduld auch Seehunde.

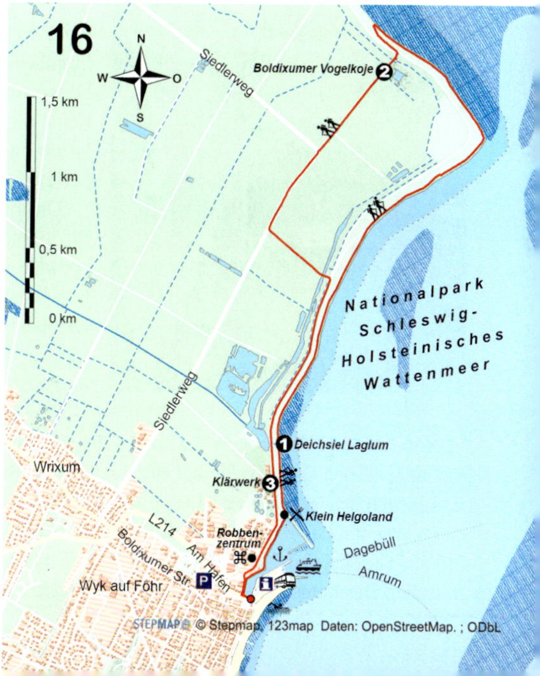

Als Nächstes passieren Sie das **Deichsiel Laglum ❶**, wo eine Tafel interessante Informationen zum Deichbau und zur Entwässerung der Marsch vermittelt.

Der Weg führt weiter an der Küste entlang und erreicht die östlichste Spitze Föhrs, wo der Deich um fast 90° nach links knickt. Gut 1 km weiter erreichen Sie eine Deichüberfahrt. Voraus liegt eine Bucht mit vielen Lahnungen. Hier überqueren Sie den Deich und gehen binnendeichs auf die einspurige Straße, die rechtwinklig vom Deich wegführt. Vorbei an einem Parkplatz erreichen Sie ein Gehölz, wo Sie fast an seinem Ende auf den Zugang zur **Boldixumer Vogelkoje ❷** stoßen.

Boldixumer Vogelkoje

Der Eingang zur Vogelkoje

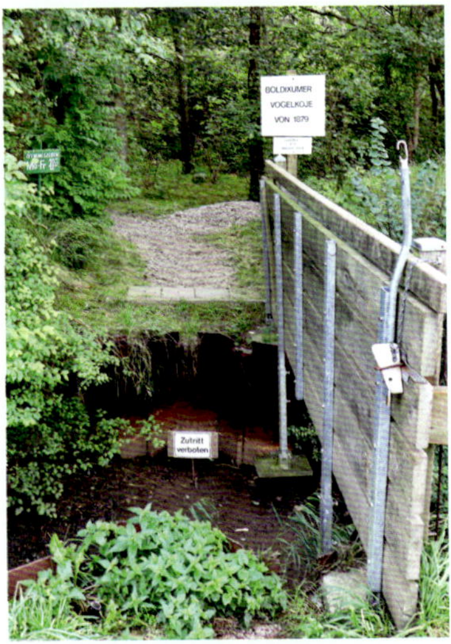

Vogelkojen, ursprünglich aus Holland stammend, waren auf allen nordfriesischen Inseln weitverbreitet. In einem meist künstlich angelegten Gehölz wurden mit einem ausgeklügelten Trichtersystem in großem Umfang Wildenten gefangen. Die erbeuteten Vögel wurden für den Eigenbedarf genutzt, aber auch in Konserven weltweit vertrieben. Heute dienen die meisten Kojen dem Naturschutz und sind ein Rückzugsgebiet für die einst Gejagten.

Die 1888 in Betrieb genommene Boldixumer Vogelkoje ist die einzige von den sechs Föhrer Anlagen, die besichtigt werden kann (April bis Oktober Mo-Fr 10:00-12:00, Eintritt frei, um eine Spende zur Erhaltung der Vogelkoje wird gebeten).

Von der Vogelkoje folgen Sie weiter der schmalen Straße in südwestlicher Richtung, gehen dort, wo Sie auf eine breitere Straße treffen, weiter geradeaus und biegen schließlich etwa 600 m weiter bei der ersten Möglichkeit links auf einen Weg ab, der Richtung Deich führt. Vor dem Deich überqueren Sie einen breiten Graben und gehen dahinter gleich rechts auf einem befestigten Weg zwischen Deich und Graben, auf dem Sie zahlreiche Enten beobachten können.

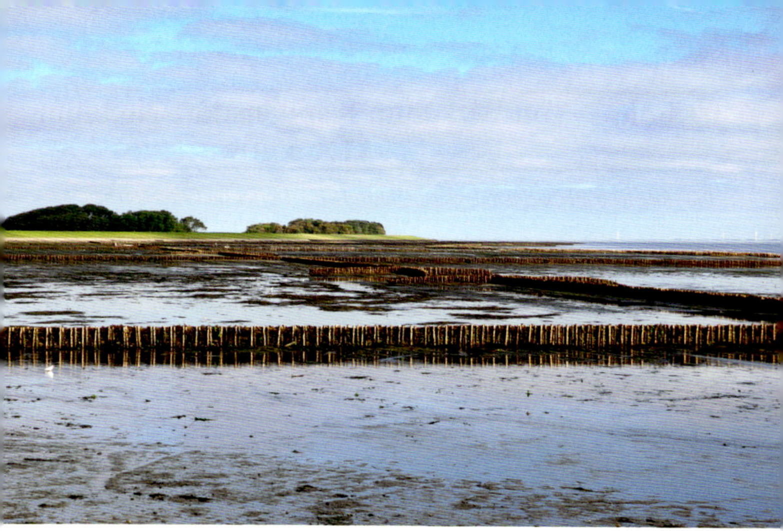

An der Bucht mit den Lahnungen überquert man den Deich

Nach etwa 1,5 km stehen Sie an langen Gebäuden. Was wie Gewächshäuser aussieht, ist in Wirklichkeit die solare Klärschlammtrocknungsanlage des **Föhrer Klärwerks ❸**. Hier wird mithilfe von Sonnenenergie der Klärschlamm umweltfreundlich getrocknet. Die anfallende Jahresmenge wird so von 1.200 t auf nur noch 340 t reduziert. Infotafeln geben Auskunft über das interessante Projekt.

300 m hinter dem Klärwerk gelangen Sie an das Robbenzentrum Föhr, wo Sie sich über die Meeressäuger und ihren Lebensraum informieren können. Neben Öffentlichkeitsarbeit engagiert sich der gemeinnützige Verein auch konkret für den Schutz der Meeressäuger. So werden kranke und geschwächte Tiere versorgt und bis zur Wiederauswilderung aufgepäppelt. Über ein Notfalltelefon können hilflose Tiere Tag und Nacht gemeldet werden (📱 01 77/330 00 77).

⌘ Robbenzentrum Föhr, Achtern Diek 5, 25938 Wyk auf Föhr, ☏ 046 81/57 03 54, 🚪 März-Oktober tgl. 10:00-17:00, im Winter in der Regel nur Mi, Sa & So 15:00-17:00, Eintritt/Spendenempfehlung € 6 pro Person

Vom Robbenzentrum folgen Sie der Straße weiter und gehen die erste Möglichkeit nach links, wo Sie nach wenigen Metern wieder an den Binnenhafen gelangen und zu Ihrem Ausgangspunkt zurückkommen.

⑰ Föhr – Von Wyk zum Kapitänsdorf Nieblum

Tour für Liebhaber kleiner Flughäfen, historischer Dörfer und alter Kirchen

Die abwechslungsreiche Route führt Sie von Wyk nach Nieblum. Sie wandern durch die geschäftige Fußgängerzone und entlang des breiten Sandstrandes des Seebades, kommen durch einen schönen Wald, passieren den Inselflugplatz und erreichen durch offene Feldmark schließlich Nieblum. Der zweitgrößte Ort auf Föhr gilt als schönstes Dorf der Insel und gehört zu den attraktivsten in ganz Schleswig-Holstein. Neben dem idyllischen Dorfbild mit seinen Lindenalleen und den alten Kapitänshäusern ist die mittelalterliche Kirche St. Johannis besonders erwähnenswert. Hier lohnt sich ein Blick in das Innere der Kirche sehr.

→ Start: Binnenhafen Wyk, GPS N 54°41.483' E 008°34.267'; Ziel: Bushaltestelle „Nieblum Tankstelle" in der Kertelheinalle 2, GPS N 54°41.518' E 008°29.341'

8,3 km

2 Std.

↑ ↓ 15 m/10 m, keine nennenswerten An- bzw. Abstiege

⇧ 0-10 m

stellenweise Fahrradwegweiser mit Kilometerangaben

Die Tour verläuft auf befestigten und festen, sandigen bzw. geschotterten Wegen, im ersten Teil kann alternativ auf Sandstrand gewandert werden.

im ersten Teil bis zum Verlassen der Strandpromenade (bei km 1,8) zahlreiche Einkehrmöglichkeiten unterschiedlichster Art, vielfältige Möglichkeiten auch in Nieblum

in unregelmäßigen Abständen Bänke

WC im ersten Teil (bis km 1,8) in kurzen Abständen öffentliche Toiletten, in Nieblum am Ziel hinter der Sparkasse und etwas abseits des Weges an der Touristeninformation

vielfältige Möglichkeiten in den Fußgängerbereichen direkt am Weg in Wyk, auch in Nieblum zahlreiche Möglichkeiten, z. B. ein Frischemarkt am Ziel

Bademöglichkeiten am Strand von Wyk im ersten Teil der Wanderung

Außer dem Strandabschnitt im ersten Teil bietet der Weg Kindern nichts Besonderes.

Die Tour ist für Wanderer mit Buggys gut geeignet.

Hunde sind über weite Strecken ganzjährig an der kurzen Leine zu führen. Hundestrände gibt es in Wyk im Strandabschnitt 1 ganz im Norden des Strandes und im Abschnitt

12 am Leuchtturm. Ansonsten dürfen Hunde nicht an den Strand. In der Fußgängerzone in Wyk gibt es mehrere Wassernapfstationen, wo die Hunde trinken können.

P Am Start gibt es mehrere, meist kostenpflichtige Parkplätze in der Nähe des Hafens. Der kostenfreie Großparkplatz Heymannsweg liegt nur gut 200 m westlich des Binnenhafens. In Nieblum finden Sie kostenlose Parkplätze z. B. am Friedhof der Kirche St. Johannis, in der Nähe der Bushaltestelle hinter der Sparkasse und beim Haus des Gastes.

am Start Haltestelle „Wyk Hafen" am Fähranleger 3, am Ziel Haltestelle „Nieblum Tankstelle" der Linien 1, 2 und 11 von Wyk nach Utersum über Nieblum, Abfahrten alle 1-2 Stunden

Taxi King, ☏ 046 81/22 42, www.king-foehr.de

Informationen erhalten Sie in Wyk im Gebäude der Wyker Dampfschiffs-Reederei am Fährhafen (Am Fähranleger 1, ☏ 046 81/800, www.faehre.de, tgl. 7:00-17:45, Sa, So & Fei erst ab 8:00) sowie im Internet bei der Föhr Tourismus GmbH (www.foehr.de) und in Nieblum in der Tourismusinformation im Dörpshus (Poststrat 2, 25938 Nieblum/Föhr, ☏ 046 81/25 59, www.nieblum-online.de, Mo-Fr 9:00-17:00, Sa und So 10:00-12:45, außerhalb der Saison eingeschränkte Öffnungszeiten).

☺ Alternativ zur Rückfahrt mit dem Bus können Sie auch nach Wyk (6,9 km) zurück wandern (☞ siehe Tour 18).

Sie starten am Südende des Binnenhafens am Flutpfahl, der an der Südostecke des Hafenbeckens steht. Auf dem Pfahl finden Sie die Wasserstände besonders hoher Sturmfluten der letzten Jahrhunderte markiert. Sie überqueren die Hauptstraße und gehen durch die Deichöffnung in die Fußgängerzone von Wyk.

Gleich rechts liegt ein kleiner Marktplatz, auf dem Sie jeden Mittwoch und Samstag (9:00-12:00) auf dem Bauernmarkt regionale Produkte kaufen können. Am Nordende des Platzes steht das Nationalpark-Haus Föhr, wo Sie in einer sehenswerten Ausstellung das Wattenmeer zu allen Jahreszeiten entdecken können.

⌘ Nationalpark-Haus Föhr, Hafenstraße 23, 25938 Wyk, ☏ 046 81/42 90, nph-foehr.nationalparkservice.de, April-Oktober So-Fr 10:00-17:00, im Winter nur Do und Sa 14:00-17:00, Eintritt Erw. € 3, Kinder € 1,50

Die Wanderung führt weiter durch die Fußgängerzone vorbei an allerlei Geschäften, Imbissen, Cafés und Restaurants. Sie passieren die Open-Air-Bühne und können gut 50 m dahinter nach links auf die Promenade gehen, auf der Sie oberhalb des makellosen Strandes mit wunderbarem Blick auf die Halligen weiterwandern.

Vorbei an Strandkiosken, Apartmentanlagen und Hotels erreichen Sie den kleinen **Leuchtturm Olhörn ❶**. Das knapp 10 m hohe Leuchtfeuer wurde 1952 erbaut. Am Turm beginnt mit der Sonne der 11,3 km lange Planetenweg, der bis nach Utersum reicht und im Maßstab 1:400.000.000 auf beeindruckende Weise die Größenverhältnisse in unserem Sonnensystem veranschaulicht.

Hier haben Sie die Südostecke der Insel erreicht. Strand und Weg schwenken nun nach Westen, wo Sie die Nachbarinsel Amrum sehen können. Etwa 400 m weiter passieren Sie das Strandbistro Pitschi's und verlassen etwa 150 m weiter die Promenade nach rechts und gelangen über Stufen an eine Straße. Wanderer mit Buggy nutzen die behindertengerechte Auffahrt rechts daneben.

An der Straße gehen Sie links und an der Abzweigung nach wenigen Metern geradeaus weiter in die für Kfz gesperrte Straße.

Sie wandern durch ein Wohngebiet mit Mehrfamilienhäusern und größeren alten Villen, halten sich an der Gabelung nach etwa 800 m links und gehen weiter bis zum Ende der Straße, wo Sie auf die Straße Fehrstieg stoßen, die Sie überqueren, und anschließend gehen Sie nach rechts.

Sie passieren die Zufahrt zur rechts liegenden **Jugendherberge ❷** der Insel und zweigen 100 m weiter links auf einen Weg ab, der in einen wunderschönen, dichten Laubwald führt. Gleich an der ersten Gabelung nach 150 m halten Sie sich links, ebenfalls an der nächsten etwa 250 m weiter. Der Weg führt nah an eine Landebahn des Flugplatzes Föhr. Der schon 1926 eröffnete Platz, der zwei gekreuzte Graslandebahnen hat, ist einer der ältesten in Schleswig-Holstein. Während der Saison werden Sie nicht lange warten müssen, um ein Flugzeug beim Start oder der Landung zu sehen.

Sie wandern in westlicher Richtung an der Landebahn entlang, folgen dann dem Weg nach Norden entlang der zweiten Landebahn und stoßen auf einen geschotterten Querweg, dem Sie nach links am nördlichen Ende der Landebahn entlang folgen. Von nun informieren in unregelmäßigen Abständen Infotafeln über die Tier- und Pflanzenwelt der Insel.

Am Ende des Weges gehen Sie links und 200 m weiter wieder rechts. Links liegt hinter Bäumen versteckt das ausgedehnte Gelände des Golf Clubs Föhr. An der nächsten Gabelung folgen Sie dem Weg nach rechts, der Sie durch einen lockeren Wald bis an die Wyk mit Nieblum verbindende Hauptstraße führt, die aber hinter einem hohen Wall unsichtbar bleibt.

Nach knapp 500 m folgen Sie der Linkskurve an einer Pferdeweide vorbei. Entlang des Weges wurden in den letzten Jahren zahlreiche **Obstbäume ❸** gepflanzt.

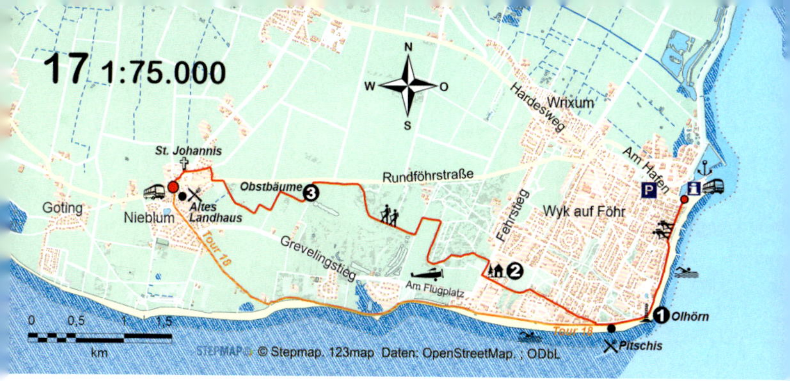

Am Ende der Weide halten Sie sich rechts, gehen nach 250 m am Ende des Weges links und biegen die nächste Möglichkeit gut 200 m weiter rechts ab. Sie folgen dem Schotterweg um eine Linkskurve und etwas weiter um eine Rechtskurve und gehen an der Kreuzung an der Zufahrt zu einem Hof weiter geradeaus.

Knapp 300 m weiter gelangen Sie an die Hauptstraße Wyk – Nieblum, folgen ihr nach links und biegen etwas mehr als 100 m weiter rechts in den Drunken-Manns-Stieg ein. Am Ende halten Sie sich links und gehen direkt auf die Kirche St. Johannis zu, die Sie nach 250 m erreichen. Eine Besichtigung der Friesendom genannten Kirche ist unbedingt zu empfehlen (🚪 tgl. 9:00-17:00, während Gottesdiensten keine Besichtigung).

Friesendom St. Johannis

Der einschiffige Friesendom mit kreuzförmigem Grundriss wurde in der ersten Hälfte des 13. Jh. auf dem Gelände einer Vorgängerkirche gebaut, die möglicherweise Sitz des Bistums Frisia war, weshalb die Kirche heute noch Friesendom genannt wird. Das mächtige Backsteingebäude, das auf einer Warft am Nordrand von Nieblum thront, zeigt Stilelemente aus Romanik und Gotik. Besonders lohnt sich ein Blick ins Kircheninnere. Der alte Granittaufstein stammt aus dem 12. Jh. und hat schon in der Vorgängerkirche gestanden. Er ist das älteste und wertvollste Kunstwerk der Kirche. Eindrucksvoll ist auch der große, geschnitzte Flügelaltar, der aus dem 15. Jh. stammt. Aus dem gleichen Jahrhundert stammt die überlebensgroße Figur von Johannes dem Täufer, dem Namenspatron der Kirche. Auch die reich verzierte Holzkanzel, die aus dem Jahr 1618 stammt, ist sehenswert. Auf dem Friedhof, der sich um die ganze Kirche erstreckt, können Sie über 250 historische Grabsteine und Grabplatten bewundern.

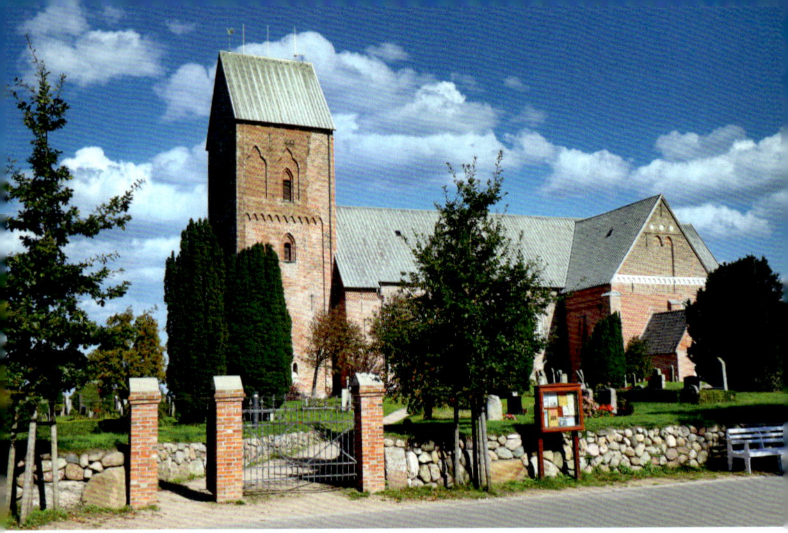

Eine Besichtigung der Kirche St. Johannis ist unbedingt zu empfehlen

Entlang der Südseite des Kirchengeländes verläuft die schmale Straße Karkstieg. Von ihr zweigt etwas westlich der Kirche die Straße De gröne Eck ab, auf der Sie an den Wohlds Weg gelangen. Auf diesem treffen Sie nach links nach 30 m auf die Hauptstraße (Kertelheinallee). Gleich rechts befindet sich die Bushaltestelle „Nieblum Tankstelle". Hier haben Sie das Ziel der Wanderung erreicht.

☺ ☞ Wer noch Lust und Zeit hat, sollte auf keinen Fall versäumen, einen Rundgang durch das alte Kapitänsdorf zu machen. Die idyllischen Lindenalleen sind mit Natursteinen gepflastert und die alten, weißen Reetdachhäuser schmücken sich mit Rosen. Wer Ruhe und schöne Rastmöglichkeiten sucht, findet sie im Kurpark rund um den Dorfteich mit dem schönen Namen De Meere. Neben zahlreichen Einkehrmöglichkeiten sei besonders das Restaurant Altes Landhaus erwähnt, in dem Sie gemütlich (bei gutem Wetter auch im Biergarten) essen und trinken können. Hier erhalten Sie vorzügliche Speisen (Spezialitäten sind Fisch- und Lammgerichte) zu einem fairen Preis. Besonders auf der Mittagskarte finden Sie sehr preiswerte Gerichte.

✕ Restaurant Altes Landhaus, Bi de Süd 22, 25938 Nieblum auf Föhr, ☏ 046 81/25 72, Mi-Mo 12:00-14:00 Mittagskarte, ab 18:00 Abendkarte

⑱ Föhr – Von Nieblum nach Wyk

Tour für Freunde ausgedehnter Strandspaziergänge

Die Wanderung führt vom ehemaligen Kapitänsdorf Nieblum, das das schönste Dorf der Insel ist, in den Hauptort von Föhr nach Wyk. Der größte Teil der Wanderung verläuft entlang oder alternativ auf dem feinen Sandstrand. Nicht nur Familien mit Kindern werden sich über die Möglichkeit freuen, die Wanderung immer wieder mit einer Pause am Strand oder im Watt unterbrechen zu können. In Wyk wandern Sie durch die geschäftige Fußgängerzone und können dort an der Freiluftbühne dem Kurkonzert lauschen oder sich im Nationalparkhaus über die Natur des Wattenmeeres informieren.

→ Start: Bushaltestelle „Nieblum Tankstelle“ in der Kertelheinalle 2, GPS N 54°41.518' E 008°29.341'; Ziel: Binnenhafen Wyk, GPS N 54°41.483' E 008°34.267'

6,9 km

1 Std. 45 Min.

↑ ↓ 10 m/15 m, keine nennenswerten An- bzw. Abstiege

⇧ 0-10 m

keine

Die Tour verläuft auf befestigten und festen, sandigen bzw. geschotterten Wegen, nach etwa 1,5 km kann alternativ auch am Sandstrand gewandert werden.

in Nieblum vielfältige Einkehrmöglichkeiten, nach knapp 4 km bis zum Ziel in kurzen Abständen zahlreiche weitere Möglichkeiten

in unregelmäßigen Abständen Bänke, teilweise in kurzer Entfernung, sehr schöne Rastmöglichkeiten rund um den Dorfteich De Meere (km 0,2)

WC in Nieblum am Start hinter der Sparkasse und etwas abseits des Weges an der Touristeninformation, ab etwa km 3,5 in kurzen Abständen entlang der Strandpromenade

in Nieblum zahlreiche Möglichkeiten, z. B. ein Frischemarkt am Start, vielfältige Möglichkeiten in den Fußgängerbereichen direkt am Weg kurz vor dem Ziel in Wyk

Bademöglichkeiten am Strand von Wyk

Der Weg führt zum größten Teil entlang des Strandes, wo Kinder im Sand oder Watt ideale Beschäftigungsmöglichkeiten finden.

Die Tour bietet Wanderern mit Buggy keine Schwierigkeiten.

Hunde sind über weite Strecken ganzjährig an der kurzen Leine zu führen. Hundestrände gibt es in Wyk im Strandabschnitt 30 in Höhe der öffentlichen Toiletten gut 300 m hinter dem Rückhaltebecken ❷, im Abschnitt 12 am Leuchtturm (❸) und ganz im Norden des Strandes im Abschnitt 1. Ansonsten dürfen Hunde nicht an den Strand. In der Fußgängerzone in Wyk gibt es mehrere Wassernapfstationen, wo die Hunde trinken können.

P In Nieblum finden Sie kostenlose Parkplätze, z. B. am Friedhof der Kirche St. Johannis, in der Nähe der Bushaltestelle hinter der Sparkasse und beim Haus des Gastes. In Wyk gibt es mehrere, meist kostenpflichtige Parkplätze in der Nähe des Hafens. Der kostenfreie Großparkplatz Heymannsweg liegt nur gut 200 m westlich des Binnenhafens.

am Start Haltestelle „Nieblum Tankstelle", am Ziel Haltestelle „Wyk Hafen" am Fähranleger 3 der Linien 1, 2 und 11 von Wyk nach Utersum über Nieblum, Abfahrten alle 1-2 Stunden

Taxi Korf, ☏ 046 81/37 05 und 01 71/808 88 79, www.taxi-korf.com

Nieblum zählt mit seinen gepflasterten Gassen und weißen Reetdachhäusern zu den schönsten Dörfern des Nordens

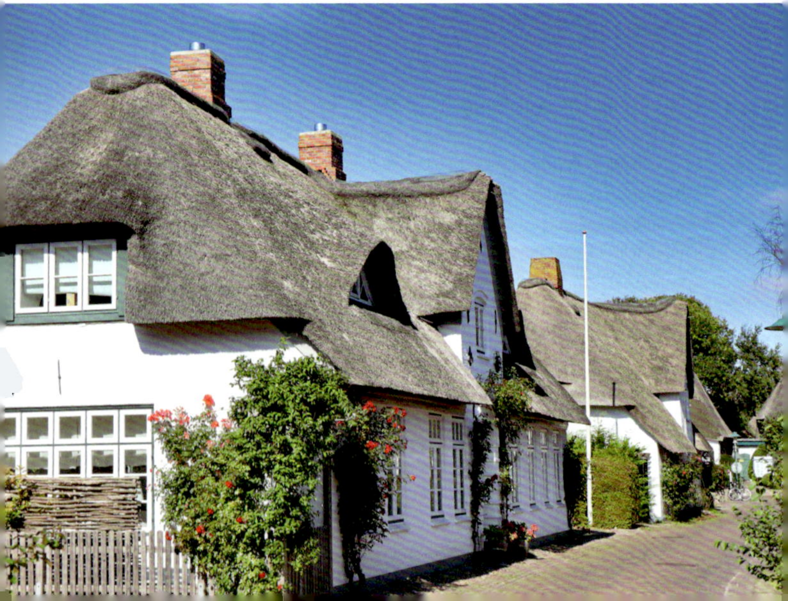

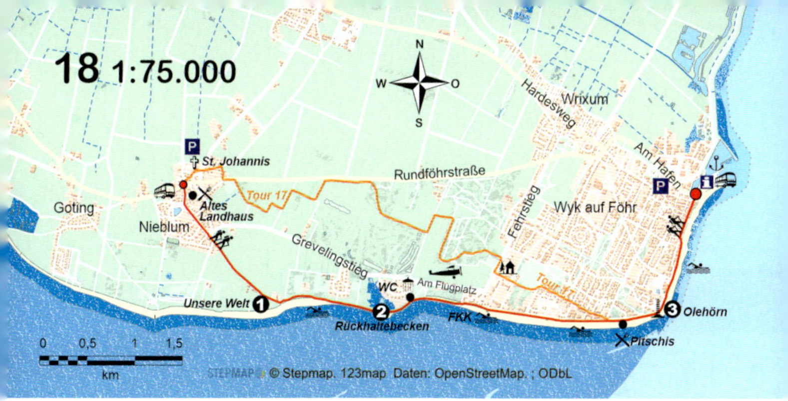

Informationen erhalten Sie in Nieblum in der Tourismusinformation im Dörpshus (Poststrat 2, 25938 Nieblum/Föhr, ☏ 046 81/25 59, www.nieblum-online.de, Mo-Fr 9:00-17:00, Sa und So 10:00-12:45, außerhalb der Saison eingeschränkte Öffnungszeiten) sowie in Wyk im Gebäude der Wyker Dampfschiffs-Reederei am Fährhafen (Am Fähranleger 1, ☏ 046 81/800, www.faehre.de, Mo-Fr 7:00-17:45, Sa, So & Fei erst ab 8:00) sowie im Internet bei der Föhr Tourismus GmbH (www.foehr.de).

☺ Die Wanderung lässt sich gut zu einer gut 15 km langen Rundtour Wyk – Niblum – Wyk erweitern (☞ siehe Tour 17).

Von der Bushaltestelle „Nieblum Tankstelle" gehen Sie auf der Hauptstraße wenige Meter nach Osten Richtung Wyk und biegen gleich rechts in die Strandstraße ein. Nach knapp 200 m passieren Sie den rechts liegenden Kurpark, der sich um den Dorfteich De Meere erstreckt. Hier finden Sie zahlreiche gute Rastmöglichkeiten.

Etwa 400 m hinter dem Park macht die asphaltierte Strandstraße einen Rechtsknick. Sie gehen weiter geradeaus und folgen der Schotterstraße vorbei am **Zeltlagerplatz „unsere Welt" ❶**, wo Kinder und Jugendgruppen ihre Ferien verbringen können. Der Zeltplatz wurde schon 1958 von Mitgliedern des Landesverbandes Hamburg der Sozialistischen Jugend Deutschlands „Die Falken" gegründet.

Er steht nicht nur Mitgliedern der Falken zur Verfügung, sondern auch anderen Kinder- und Jugendorganisationen, Sportvereinen und Schulklassen (www.zeltlagerverein.de).

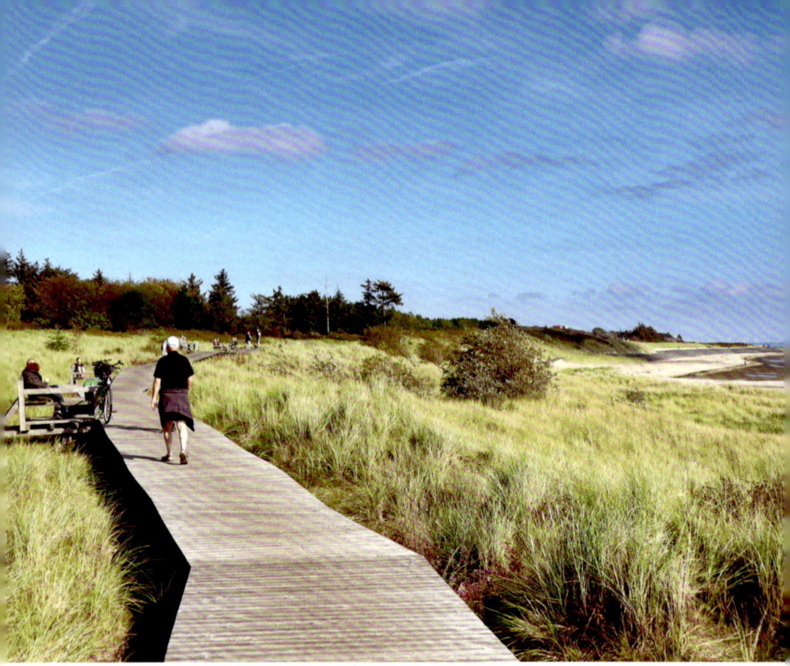

Auf dem Bohlenweg lässt es sich bequem durch die Dünen wandern

Gleich hinter dem Zeltplatz endet die Schotterstraße und geht in zwei Bohlenwege über. Der rechte Zweig führt hinunter an den Strand. Wer nicht im Sand weiterlaufen möchte, wählt die linke Alternative und wandert etwas erhöht bequem am Strand entlang. Zahlreiche Bänke säumen den Weg und nach rechts haben Sie einen wunderbaren Blick über den Strand und das Watt auf die Halligen im Wattenmeer.

Nach gut 500 m endet der schöne Bohlenweg und Sie müssen entweder am Strand oder auf dem asphaltierten Deich weiterwandern, wo Sie nach etwa 50 m an eine Deichzufahrt gelangen. Hier treffen Sie auf den Saturn des 11,3 km langen Planetenwegs, der in Wyk am Leuchtturm Olhörn mit der Sonne beginnt und bis zum Neptun nach Utersum reicht. Im Maßstab 1:400.000.000 vermittelt er einen guten Eindruck von den Größenverhältnissen in unserem Sonnensystem. Bis zur Sonne kommen Sie nun noch an Jupiter, Mars, Erde, Venus und Merkur vorbei.

Als Nächstes passieren Sie ein **Rückhaltebecken ❷**. Das Gewässer bietet mit den weißen Reetdachhäusern dahinter ein schönes Bild. Bei der nächsten Strandzufahrt nur etwa 350 m weiter erreichen Sie das erste Sanitärgebäude. Hier finden Sie nicht nur Toiletten, sondern zusätzlich Duschen. Toiletten finden Sie von nun an bis zum Ziel in kurzen Abständen.

Nach Süden haben Sie weiterhin einen schönen Blick auf die Halligwelt. Nur etwas mehr als 5 km entfernt sehen Sie die Warften der lang gestreckten Hallig Langeness aus dem Wasser ragen. Und wenn Sie zurückblicken, schauen Sie im Westen auf die Nachbarinsel Amrum.

Sie wandern weiter auf dem asphaltierten Deich oder am Sandstrand, passieren den Hundestrand und gleich darauf den FKK-Abschnitt. Der Weg wird nun zu einer schönen Promenade und Sie treffen auf die ersten Strandkioske, Cafés und Restaurants, die Ihren Weg jetzt in mehr oder weniger kurzen Abständen flankieren.

Am kleinen **Leuchtturm Olehörn ❸** haben Sie die Südostecke der Insel erreicht. Voraus ist jetzt der Fährhafen zu sehen. Gut 700 m hinter dem Leuchtturm endet die Promenade und Sie gehen links und dann rechts in die Fußgängerzone. Vorbei an Geschäften aller Art, Cafés, Restaurants und einer Freilichtbühne erreichen Sie kurz vor dem Ziel den kleinen Marktplatz, auf dem Sie jeden Mittwoch und Samstag (🚪 9:00-12:00) auf dem Bauernmarkt regionale Produkte erwerben können.

Am Nordende des Platzes finden Sie das Nationalpark-Haus Föhr, wo Sie sich in einer sehenswerten Ausstellung über die Natur des Wattenmeeres informieren können.

⌘ Nationalpark-Haus Föhr, Hafenstraße 23, 25938 Wyk, ☎ 046 81/42 90, 💻 nph-foehr.nationalparkservice.de, 🚪 April-Oktober So-Fr 10:00-17:00, im Winter nur Do und Sa 14:00-17:00, Eintritt Erw. € 3, Kinder € 1,50

Sie verlassen die Fußgängerzone durch die Deichzufahrt und haben gleich dahinter am Binnenhafen das Ziel der Wanderung erreicht. Wer zum Bus will, geht rechts in den Fährhafen und erreicht nach 150 m die Haltestelle „Wyk Hafen“.

⑲ Föhr – Föhrs schönste Strände

Tour für Genießer traumhafter Strände

Die Rundwanderung bringt Sie von Nieblum aus an die – wie viele meinen – schönsten Strände Föhrs. Die breiten, feinsandigen Strände erstrecken sich südlich des ehemaligen Kapitänsdorfes auf einer Länge von mehreren Kilometern. Hinter dem Strandzugang Goting wandern Sie entlang des bekannten Goting-Kliffs, eines knapp 10 m hohen Steilufers, dessen Sedimente aus der Saaleeiszeit stammen. Auf dem Rückweg führt der Weg durch eine von Weiden und Äckern geprägte Landschaft sowie durch das schöne Dorf Goting.

Start/Ziel: Bushaltestelle „Nieblum Tankstelle" in der Kertelheinalle 2, GPS N 54°41.518' E 008°29.341'

7,8 km

2 Std. 30 Min.

15 m/15 m, keine nennenswerten An- bzw. Abstiege

0-10 m

keine

Die Tour verläuft etwa zur Hälfte auf befestigten Wegen, zur anderen Hälfte am Sandstrand. Denken Sie daran, dass das Wandern am Strand anstrengender ist und länger dauert als auf befestigten Wegen.

in Nieblum vielfältige Einkehrmöglichkeiten, entlang des Strandes an den Strandzugängen bei km 1,4, 1,7 und 2,9

Sehr schöne Rastmöglichkeiten gibt es rund um den Dorfteich De Meere (km 0,2), ansonsten können Sie gut am Strand im Sand rasten, eine weitere gute Möglichkeit befindet sich am FKK-Strandzugang mit Holzbänken und -tischen (km 4,1) und auf dem Rückweg im Landesinneren gibt es zahlreiche Bänke.

WC in Nieblum am Start hinter der Sparkasse und etwas abseits des Weges an der Touristeninformation, entlang des Strandes an den Strandzugängen bei km 1,4, 1,7, 2,9 und 4,1

in Nieblum zahlreiche Einkaufsmöglichkeiten

sehr gute Bademöglichkeiten entlang des Weges am Strand

Der Weg führt zu einem großen Teil entlang des Strandes, wo Kinder im Sand oder Watt ein ideales Betätigungsfeld finden.

Die Tour ist wegen der langen Strecken am Sandstrand für Wanderer mit Buggy ungeeignet.

Hunde sind über weite Strecken ganzjährig an der kurzen Leine zu führen. In Nieblum gibt es zwei Hundestrände. Den ersten finden Sie am Ende der Strandstraße ❶ etwas östlich versetzt, den zweiten kurz vor Goting ❷ gleich hinter dem Drachenstrand.

In Nieblum finden Sie kostenlose Parkplätze, z. B. am Friedhof der Kirche St. Johannis, in der Nähe der Bushaltestelle hinter der Sparkasse und beim Haus des Gastes. Auch an den Strandzugängen gibt es Parkmöglichkeiten.

an Start und Ziel Haltestelle „Nieblum Tankstelle“ der Linien 1, 2 und 11 von Wyk nach Utersum über Nieblum

Informationen erhalten Sie in Nieblum in der Tourismusinformation im Dörpshus (Poststrat 2, 25938 Nieblum/Föhr, ☏ 046 81/25 59, www.nieblum-online.de, Mo-Fr 9:00-17:00, Sa und So 10:00-12:45, außerhalb der Saison eingeschränkte Öffnungszeiten) sowie im Internet bei der Föhr Tourismus GmbH (www.foehr.de).

Wattlaufen am Goting-Kliff

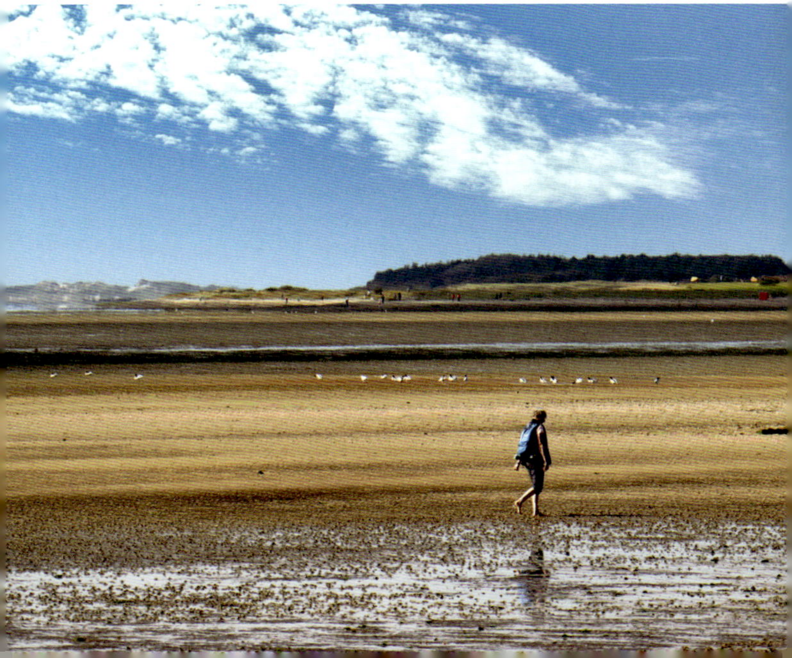

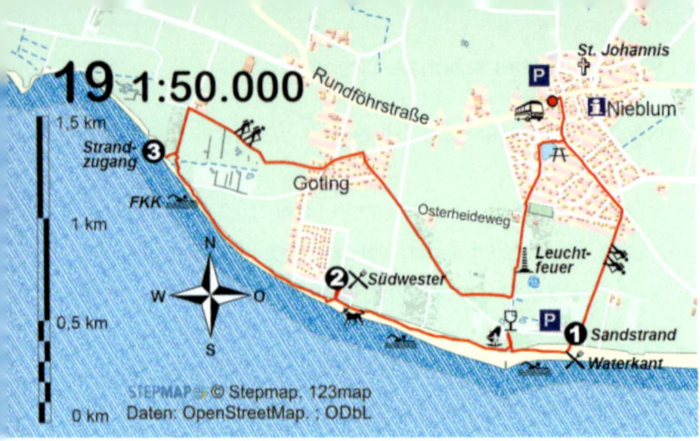

Sie starten an der Bushaltestelle „Nieblum Tankstelle“ und gehen auf der Hauptstraße wenige Meter Richtung Wyk. Gleich an der ersten Möglichkeit biegen Sie rechts in die Strandstraße ab. Nach knapp 200 m passieren Sie den rechts liegenden Kurpark, der sich um den Dorfteich De Meere erstreckt. Hier finden Sie zahlreiche gute Rastmöglichkeiten.

Sie wandern auf dem Fußweg der asphaltierten Strandstraße weiter und folgen ihr nach 400 m um die Rechtskurve. Auf der rechten Seite können Sie das Leuchtfeuer Nieblum sehen, an dem Sie auf dem Rückweg vorbeikommen. Die Straße endet an einem großen Parkplatz, hinter dem Sie an den wunderbaren breiten **Sandstrand ❶** gelangen. Im Strandrestaurant Waterkant Nieblum können Sie sich mit Getränken erfrischen und mit Speisen stärken.

✕ Strandrestaurant Waterkant Nieblum, Nieblum Strand, Strandstraße, 25938 Nieblum, 💻 https://waterkant-nieblum.de, 🚪 tgl. Ostern-Ende Oktober, im Juli und August 11:00-20:00 (in der übrigen Zeit je nach Bedarf auch kürzer), Küche nur bis 19:00

Am Strand wandern Sie nun weiter Richtung Westen. Den trittfestesten Untergrund finden Sie meist am Spülsaum. Nach Süden fällt der Blick auf die Halligen, von denen die Warften aus dem Wattenmeer ragen. Im Westen schauen Sie auf die Nachbarinsel Amrum, die zum Greifen nahe scheint, aber doch über 7 km entfernt ist.

Eine weitere Verpflegungsmöglichkeit finden Sie schon gut 300 m weiter an einem Kiosk am nächsten Strandzugang. Hier bietet die Nieblumer Wassersportschule Kurse zu verschiedenen Wassersportarten an, wie z. B. Surfen, Kitesurfen und Stand-up-Paddling. Wer will, kann sich auch entsprechendes Material ausleihen (💻 https://nws-foehr.de, 🚪 April bis Oktober 8:00-19:00).

Etwa 1 km weiter am Strand entlang gelangen Sie gleich hinter dem Hundestrand an die Grenze zum Nieblumer Ortsteil **Goting**, wo Sie erneut einen **Strandzugang ❷** finden. An dem großen Parkplatz gibt es für Kinder einen Abenteuerspielplatz und für alle den Südwester Kiosk, wo Sie Getränke und kleinere Speisen erhalten. Besonders empfehlenswert sind die Fischbrötchen.

Der nächste Strandabschnitt, der sich über mehr als 1 km Richtung Nordwesten erstreckt, ist als Goting-Kliff bekannt.

Um das Kliff nicht zu gefährden, ist das Klettern an der Steilküste nicht erlaubt.

Goting-Kliff

Das bis zu 9 m hohe Kliff, das nach Westen hin allmählich ausläuft, besteht aus über 200.000 Jahre alten Ablagerungen der vorletzten Eiszeit (Saaleeiszeit). Die grobkörnigen Geschiebesände enthalten zahlreiche Findlinge, die man auch am Strand finden kann. Durch die exponierte Lage kommt es immer wieder zu Abbrüchen an der Kante. Seit 1975 versucht man mit Sandvorspülungen die Steilküste zu schützen.

Sie wandern entlang des Kliffs weiter Richtung Nordwesten und gelangen an den FKK-Strandabschnitt. Auf einer Fußgängerbrücke können Sie einen Abzugskanal überqueren. Dahinter passieren Sie den Parkplatz des **FKK-Strandzuganges ❸**. Rechts sehen Sie ein Toilettenhäuschen und links liegt ein schöner Rastplatz, von dem Sie einen ausgezeichneten Blick nach Amrum haben.

Hier verlassen Sie nun Nieblums Strände und gehen auf dem Schotterweg am Waldrand entlang landeinwärts. Schon an der ersten Kreuzung nach wenig mehr als 200 m zweigen Sie rechts ab und folgen der Straße (Brukswai) bis nach Goting mit seinen schönen Reetdachhäusern. Dort gehen Sie am Ende der Straße links in die Straße Uasteranjstich. An der Gabelung vor dem Spritzenhaus halten Sie sich rechts und biegen etwa 150 m weiter vor einem Stallgebäude rechts in die einspurige Straße Bobdikem ein, die nach kurzer Zeit in eine feste Schotterstraße übergeht. Auf ihr verlassen Sie Goting.

Etwa 300 m nach der Abzweigung gehen Sie an der Mehrfachkreuzung weiter geradeaus auf den grasigen Feldweg, der Sie an einen niedrigen Deich bringt. Sie überqueren den Deich und gehen dahinter links. Am Deich entlang erreichen Sie eine Straße, die rechts zum Strand mit der Nieblumer Wassersportschule führt.

Sie halten sich hier links und passieren den 10 m hohen Leuchtturm Nieblum. Gleich hinter ihm biegen Sie rechts und nach wenigen Schritten wieder links auf einen schönen Waldweg ab, der etwas abseits parallel zur Straße verläuft. Am Sportplatz endet der Weg und Sie gehen nach rechts entlang der Straße bis zum Kurpark, durch den Sie nach rechts wieder zur Strandstraße gelangen, auf der Sie nach links zu Ihrem Ausgangspunkt zurückwandern.

⑳ Amrum – Wriakhörnsee, Dünenwanderweg und Kniepsand

Tour für Bade- und Strandfans sowie Naturliebhaber

Die Rundtour vom Wittdüner Fährhafen führt zunächst über eine schöne Promenade direkt an der Wasserlinie entlang. Auf einem barrierefreien Bohlenweg wandern Sie anschließend durch eine wunderbare Dünenlandschaft zu einem Aussichtspunkt hoch oben in den Dünen und weiter zu einem idyllischen Dünensee. Für alle, die naturbelassene Wege lieben, folgt eine kurze Passage mitten durch die Dünen auf losem Sand. Den Rückweg treten Sie auf dem Kniepsand an, auf dem Sie das Strandleben genießen oder sich Badefreuden hingeben können.

Start/Ziel: Fähranleger Wittdün, GPS N 54°37.689' E 008°23.800'

12 km

3 Std. 30 Min.

50 m/50 m, nur mäßige An- bzw. Abstiege

0-15 m

keine Markierung, aber stellenweise Wegweiser

Die Wanderung verläuft bis zum westlichen Wriakhörnsees auf festem Untergrund, danach in den Dünen teilweise auf losem Sand. Am Strand finden Sie den tragfähigsten Untergrund am Spülsaum. Denken Sie daran, dass das Wandern im Sand anstrengender ist und länger dauert als auf befestigten Wegen.

in Wittdün mannigfaltige Einkehrmöglichkeiten, direkt am Weg die Strandbar Seehund (km 1,4 und km 11,2)

zahlreiche Bänke und gute Rastmöglichkeiten bis zum Ende des Wriakhörnsees, Rastmöglichkeiten im Sand am Strand, besonders schöne Rastmöglichkeiten auf der Aussichtsdüne ❷ (km 2,5) und am Westende vom Wriackhörnsee (km 3,3)

WC an Start und Ziel und an der Strandbar Seehund (km 1,4 und km 11,2)

in Wittdün zahlreiche Einkaufsmöglichkeiten

sehr gute Bademöglichkeiten am Kniepsand

Wegen des langen Abschnitts auf dem Kniepsand mit Bademöglichkeiten ist die Tour auch für Kinder attraktiv.

Die Tour ist wegen der sandigen und vielen stufigen Abschnitte für Wanderer mit Buggy ungeeignet.

Hunde sind an der gesamten Strecke an der kurzen Leine zu führen, einen Hundestrand gibt es etwas nördlich der Strandbar Seehund.

kostenloser Parkplatz südlich des Fährgebäudes

an Start und Ziel Haltestelle „Wittdün Fähranleger" des Inselbusses nach Norddorf über Nebel

Amrum Touristik Wittdün, Inselstr. 14 (Fähranleger), 25946 Wittdün/Amrum, 046 82/940 30, www.amrum.de, Mo-Fr 8:30-17:25, Sa und So 8:30-13:00

Sie verlassen den Hafenbereich auf der Hauptstraße und gehen gleich hinter dem öffentlichen Parkplatz links, wo Sie auf die asphaltierte Promenade, die Wandelbahn, stoßen. Ihr folgen Sie, bis Sie an den Aussichtspunkt Südspitze kommen, wo Sie einen schönen Blick auf die Halligen, auf die Nachbarinsel Föhr und zum Festland haben. Hier schwenkt die Promenade in westliche Richtung und Sie haben einen schönen Blick auf die Kniepsandbucht, die bei Niedrigwasser trockenfällt, und den Sie umschließenden Nehrungshaken.

Sie wandern weiter auf der Promenade, von Zeit zu Zeit zweigen Aufgänge zur Oberen Wandelbahn ab, die wenige Meter oberhalb parallel verläuft. Am Ende der Promenade gelangen Sie an den **Badestrand** von Wittdün und an die **Strandbar Seehund 1**, wo Sie sich erfrischen und stärken können.

Strandbar Seehund, Untere Wandelbahn, 25946 Wittdün/Amrum, 01 71/364 00 29, tgl. 11:00-23:00, Küche bis 21:30, außerhalb der Saison kürzer

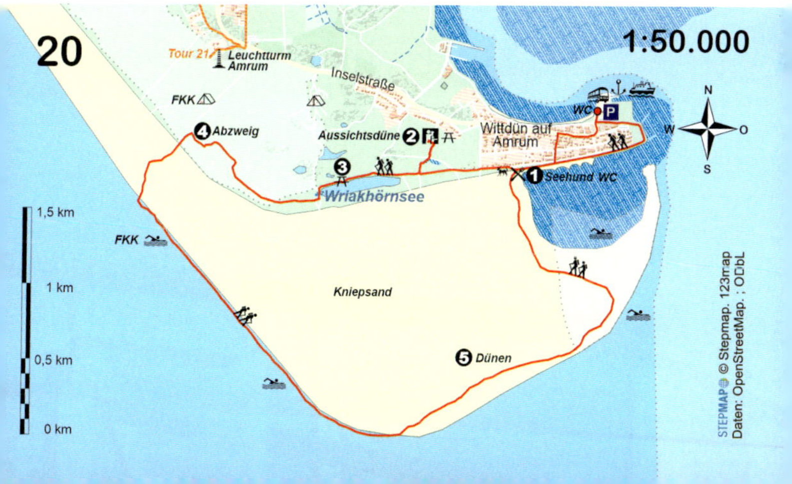

Hier gehen Sie auf die Obere Wandelbahn und oben links weiter auf den gepflasterten Weg. An der nächsten Kreuzung etwa 250 m weiter stoßen Sie an eine hölzerne Aussichtsplattform, ein schöner Platz für eine Rast. Allerdings sollten Sie Ihre Pausen etwas dosieren, denn auf dem nächsten Kilometer bis zum Ende des Wriakhörnsees kommen Sie an einer ganzen Reihe von wunderbaren Rastmöglichkeiten vorbei.

An der Kreuzung endet der bebaute Bereich Wittdüns und Sie wandern geradeaus auf dem Plankenweg in das Dünengelände hinein. Ein Schild informiert, dass Sie sich jetzt auf dem Dünenlehrpfad befinden, ein nicht nur informativer, sondern auch landschaftlich wunderschöner Wanderweg. In kurzen Abständen finden Sie aufschlussreiche Informationstafeln zu Natur und Landschaft.

Die nächste Rastmöglichkeit wartet nur 400 m weiter und nur 30 m dahinter kreuzt ein Weg, der links zum Kniepsand führt und rechts nach 300 m auf eine knapp 15 m hohe **Aussichtsdüne ❷**, wo Sie einen besonders schönen Rastplatz mit atemberaubender Aussicht finden. Faszinierend ist der Blick auf den Kniepsand, den rechts unten in den Dünen liegenden Wriakhörnsee und weiter im Westen auf den Amrumer Leuchtturm.

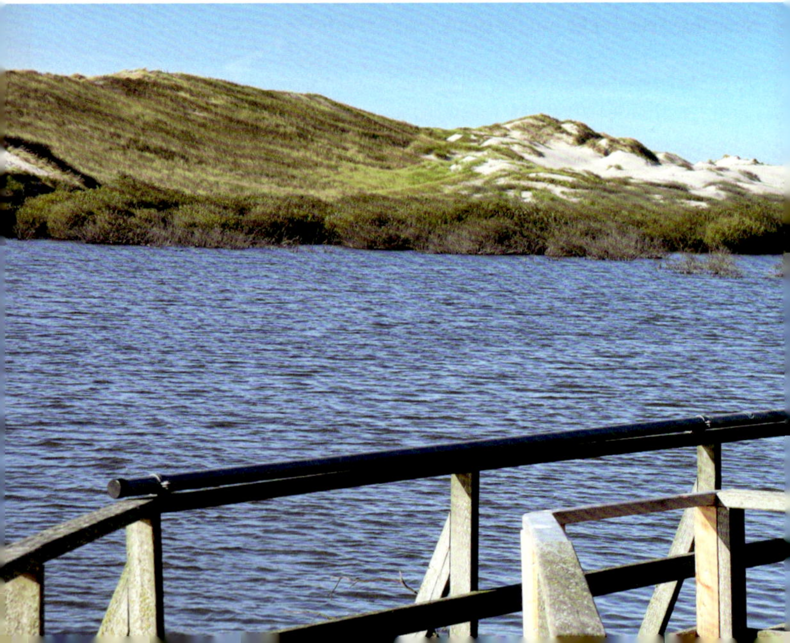

Wieder zurück auf dem Dünenlehrpfad kommen Sie an den hier noch sehr seichten Wriakhörnsee, wo Sie gleich wieder eine Rastmöglichkeit passieren. Gut 130 m weiter finden Sie den nächsten Rastplatz auf einem Holzpodest mit zahlreichen Infotafeln direkt am Ufer. Nach rechts zeigt ein Wegweiser Richtung Seezeichenhafen und Badeland. Sie gehen hier weiter geradeaus Richtung Leuchtturm, passieren nach 100 m einen weiteren Rastplatz und stoßen nochmals 100 m weiter, nun schon fast am Ende des Sees, auf die vielleicht schönste **Rastmöglichkeit ❸** an seinem Ufer.

Wriakhörnsee

Der Dünensee ist kein natürliches Gewässer. Ursprünglich handelte es sich um ein Feuchtgebiet hinter der ersten Dünenreihe, das zum Meer hin offen war. Aus Küstenschutzgründen entschloss man sich in den 1970er-Jahren, das Feuchtgebiet durch einen Sandwall vom Meer abzutrennen. Heute können Sie zahlreiche Rastvögel an dem künstlichen Gewässer beobachten.

Entlang des Wriakhörnsees finden sich zahlreiche schöne Rastplätze

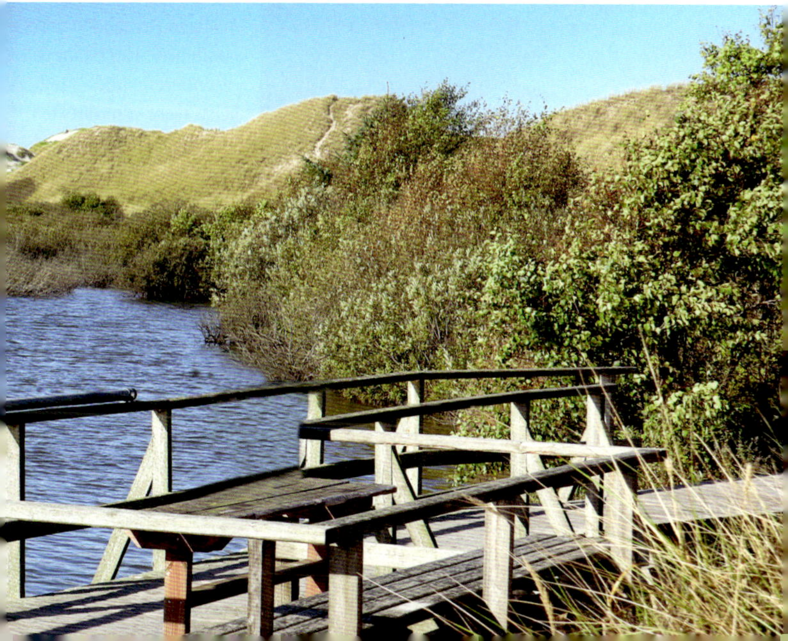

Nur 150 m weiter, am Ende des Sees, endet der Dünenlehrpfad und Sie stoßen auf den Dünenwanderweg, dem Sie links Richtung Düne folgen (geradeaus weiter kämen Sie nach etwa 500 m zum Campingplatz Amrum).

Noch bevor Sie auf die Düne steigen, folgen Sie dem Wegweiser Dünenwanderweg nach rechts Richtung Leuchtturm, den Sie hier schon sehen können.

Wer die Tour abkürzen möchte, steigt über die Düne und ist dahinter schnell auf dem Kniepsand.

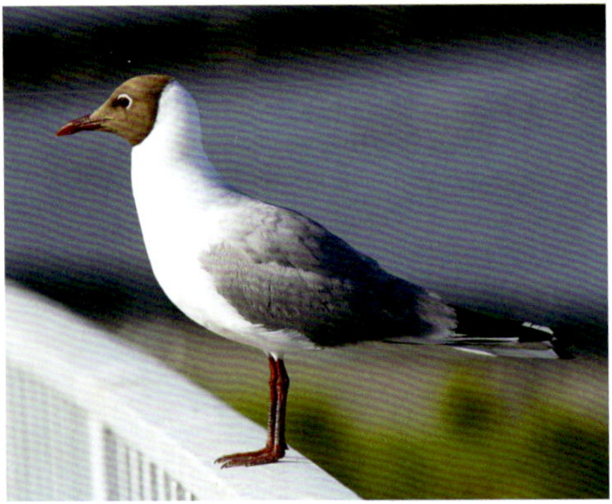

Lachmöwe im Brutkleid

Auf dem Dünenwanderweg wandern Sie die nächsten 900 m durch losen Sand. Um die empfindlichen Dünen nicht zu schädigen und Brut- und Rastvögel nicht zu stören, sollten Sie sich an den in regelmäßigen Abständen vorhandenen Holzstangen orientieren und möglichst nicht vom direkten Weg zwischen ihnen abweichen.

Der Abschnitt durch die Dünen ist schön, aber beschwerlich. Er endet an einem Weg ❹, der rechts zum **FKK-Zeltplatz und zum Leuchtturm** (☞ siehe Tour 21) führt, den Sie von hier sehr schön im Blick haben.

Sie gehen hier links über die Düne. Den Abstieg zum breiten Kniepsand erleichtert ein Fallreep, das im lockeren Sand ausgelegt wurde. Am Strand sollten Sie zur Wasserkante gehen, weil Sie dort den festeren Untergrund finden. Dort gehen Sie nach links Richtung Südosten.

Achten Sie darauf, dass Sie nicht auf einen Sandrücken geraten und durch einen Priel bei auflaufendem Wasser vom Kniepsand abgeschnitten werden. Besonders vorsichtig sollten Sie bei schlechten Sichtverhältnissen sein und sich dann lieber etwas weiter landeinwärts orientieren.

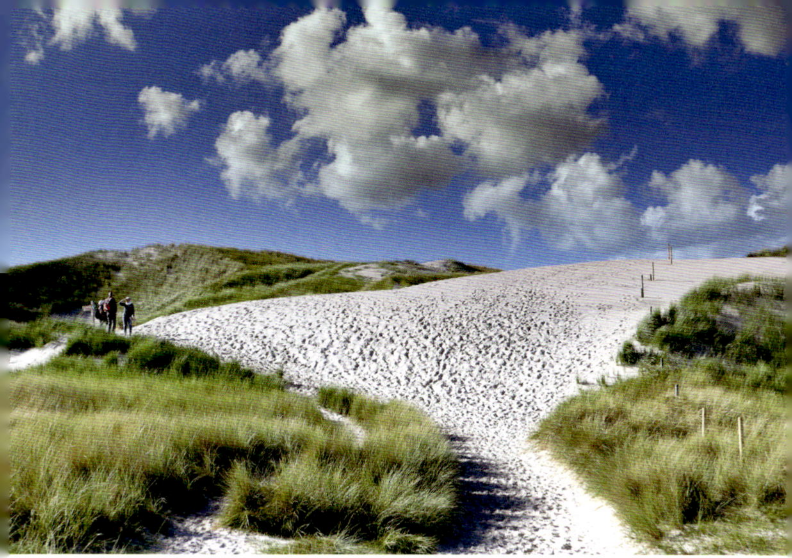

Der Weg zum Kniepsand führt über diese Düne

Kniepsand

Der Kniepsand ist ein 15 km langer und bis zu 1,5 km breiter Sandstrand, der der Insel auf ihrer ganzen Westseite vorgelagert ist. Geologisch gesehen gehört er nicht zur eigentlichen Insel, sondern ist eine vorgelagerte, sehr langsam wandernde Sandbank, die sich im Laufe der Jahrhunderte mehr und mehr der Insel näherte und dann mit ihr verschmolzen ist. Für die Zukunft wird erwartet, dass sie sich immer weiter nach Norden verlagern wird.

Sie wandern weiter auf dem immer breiter werdenden Kniepsand, der im Sommer von Badegästen und Sonnenanbetern bevölkert wird, passieren den FKK-Strand und kommen im südlichen Bereich, der hier 1,5 km breit ist, an mit Strandhafer bewachsenen, niedrigen **Dünen ❺** vorbei.

Den Strand verlassen Sie an der **Strandbar Seehund ❶**, die Ihnen als Landmarke dient. Dort gehen Sie wie auf dem Hinweg auf die Obere Wandelbahn, halten sich dort aber nicht links, sondern wenden sich nach rechts. Nach etwa 200 m gehen Sie links die Stufen aufwärts, überqueren die Mittelstraße und stoßen an die Inselstraße, die Hauptstraße Amrums. Rechts weiter gelangen Sie vorbei an Geschäften, Cafés und Restaurants zurück an Ihren Ausgangspunkt am Fährhafen.

㉑ Amrum – Rund um Nebel

Tour für Leuchtturmfans und Freunde schöner Dörfer mit historischen Gebäuden

Die einfache Rundtour führt in das idyllische Dorf Nebel, das von vielen als schönstes Dorf der Insel angesehen wird. Höhepunkte der Wanderung sind die Besichtigung und vor allem die Besteigung des Leuchtturmes Amrum, der Besuch der noch funktionierenden Amrumer Mühle und natürlich das Dorf Nebel selbst mit seinen zahlreichen historischen Gebäuden und den guten Einkehrmöglichkeiten.

Hervorzuheben ist auch die lange autofreie Passage auf einem ausgezeichneten Wander- und Radweg durch den Amrumer Wald.

Start/Ziel: Parkplatz am Sösarper Strunwai, GPS N 54°38.415' E 008°20.855'

7,6 km

2 Std.

65 m/65 m, nur mäßige An- bzw. Abstiege

0-20 m

keine Markierung, aber stellenweise Wegweiser

Die Wanderung verläuft auf der gesamten Strecke auf festem Untergrund.

in Nebel zahlreiche Einkehrmöglichkeiten jeder Art, etwas abseits des Weges Restaurant Heidekate (km 1,8)

auf vielen Abschnitten Bänke entlang der Strecke, besonders schöne Rastplätze am Amrumer Leuchtturm (km 1,4), an der Amrumer Windmühle (km 4), an der Kirche in Nebel (km 4,7) und am Abenteuerspielplatz (km 7,4)

WC am Amrumer Leuchtturm (km 1,4), in Süddorf bei der Feuerwehr (km 2,8), in Nebel 100 m nördlich der Kirche am Haus des Gastes (km 4,7) und am Abenteuerspielplatz (km 7,4)

in Nebel mehrere gute Einkaufsmöglichkeiten

Wer baden möchte, findet unterwegs mehrere Zugänge zum Kniepsand. Zwei davon (der Strunwai ❸ und der Zugang am Start/Ziel) sind auch mit einem Buggy problemlos zu erreichen.

Der Leuchtturm und das Mühlenmuseum sind auch für Kinder interessante Ziele, hinzu kommt der Abenteuerspielplatz nahe an Start und Ziel.

Die Tour ist auch für Wanderer mit Buggy geeignet.

Hunde sind auf der gesamten Strecke an der kurzen Leine zu führen.

P kostenloser Parkplatz am Sösarper Strunwai

Bushaltestellen „Leuchturm" (km 1,8), „Nebel Mühle" (km 3,9) und Nebel „Westerheide" (km 5,6) des Inselbusses nach Wittdün und Norddorf

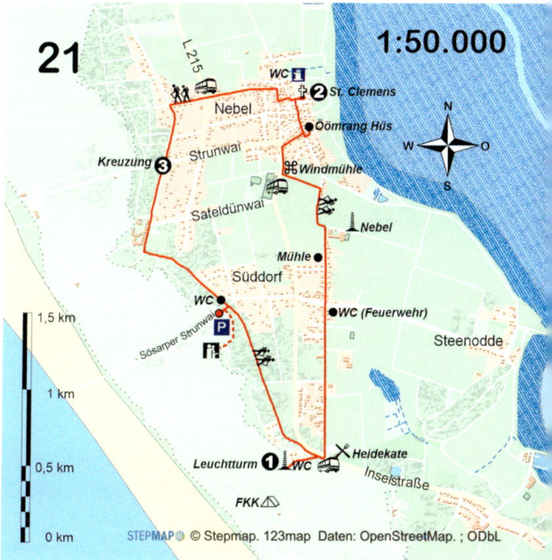

Auf der Zufahrtsstraße zum Parkplatz gehen Sie zunächst wieder Richtung Süddorf. Nach wenigen Metern zweigt rechts ein Weg ab, der nach gut 300 m auf eine Aussichtsdüne führt (wegen vieler Stufen nicht buggytauglich). Der Wanderweg führt hier geradeaus weiter bis zur nächsten Kreuzung mit dem Tanenwai, dem Amrumer Waldradweg. Der über 5 km lange, breite Weg verläuft von Süddorf bis nach Norddorf ausschließlich durch Wald. Der Weg ist Radfahrern und Fußgängern vorbehalten, Autos sind außen vor.

☺ Wer jetzt ein WC aufsuchen möchte, findet es nach etwa 100 m links.

Alle anderen gehen nach rechts. Die links und rechts abzweigenden Wege werden ignoriert, bis Sie nach etwa 1,2 km, schon in Sichtweite der Inselhauptstraße, an eine Abzweigung gelangen, die rechts zum **Amrumer Leuchtturm ❶** führt, wo sich neben der Besichtigung von außen vor allem eine Turmbesteigung lohnt.

Amrumer Leuchtturm

Der Amrumer Leuchtturm ist einer der ältesten und einer der höchsten an der deutschen Nordseeküste. Er gehört zu den Kulturdenkmalen der Insel und ist eines ihrer Wahrzeichen. Nach knapp 2 Jahren Bauzeit wurde er am 1. Januar 1875 in Betrieb genommen. Der Turm selbst ist etwas über 40 m hoch. Da er auf einer 25 m hohen Düne steht, strahlt das Feuer in einer Höhe von 63 m über dem mittleren Tidehochwasser. Die Reichweite beträgt imposante 42 km.

Der Leuchtturm kann besichtigt werden. Wer will, kann hier sogar heiraten. Zum Balkon in luftiger Höhe müssen Sie über 172 Stufen aufsteigen, vom Fuß der Düne sind es sogar fast 300. Aber der Aufstieg lohnt sich. Von oben haben Sie einen atemberaubenden Ausblick über die gesamte Insel und weit darüber hinaus. An klaren Tagen soll man sogar Helgoland sehen können.

Amrumer Leuchtturm, im Sommerhalbjahr Mo-Fr 8:30-12:30, Mi bis 14:00, im Winter Mi 9:00-12:30, im Sommer Do auch Nachtführungen, Termine in der Touristikinformation, Eintritt € 3

Wieder zurück am Waldweg gehen Sie rechts und die nächste Möglichkeit nach 25 m gleich wieder links. Sie überqueren die Inselhauptstraße und gehen in die Straße Uasterstigh.

Wenn Sie hier der Inselstraße etwas mehr als 50 m nach rechts (Richtung Wittdün) folgen, kommen Sie zum empfehlenswerten Restaurant Heidekate.

Restaurant Heidekate, Inselstr. 66, 25946 Wittdün/Amrum, ☏ 046 82/96 85 81, tgl. 12:00-14:30 und 17:00-21:00

Der Wanderweg führt auf der Straße Uasterstigh, die schnurgerade nach Norden verläuft, weiter. Sie passieren einen großen Parkplatz, der den Gästen des in der Nähe liegenden FKK-Zeltplatzes vorbehalten ist. Dahinter wandern Sie an einem kleinen Gewerbegebiet vorbei und gelangen bald an die ersten Häuser von Süddorf. Das kleine Dorf mit seinen Friesenhäusern ist offiziell ein Ortsteil von Nebel, hat aber seinen eigenen Charakter als bäuerliche Siedlung bewahren können und neben dem Tourismus hat die Landwirtschaft auch heute noch eine gewisse Bedeutung. Sie wandern an der freiwilligen Feuerwehr vorbei und 300 m weiter an der Süddorfer Mühle. Die Mühle, die heute in Privatbesitz ist und Wohnzwecken dient, kann nicht besichtigt werden.

Etwas weiter kommen Sie an der Öömrang Skuul, einer Grund- und Gemeinschaftsschule, vorbei. Hier folgen Sie der Straße um die Links-Rechts-Kurve. Rechts in der Feldmark am Ende des Schulgeländes sehen Sie das Leuchtfeuer Nebel. Der erst 1981 errichtete rot-weiß-rote Leuchtturm hat nur eine Höhe von 9,6 m.

Zwischen Feldern wandern Sie weiter und biegen knapp 250 m hinter der Rechtskurve links in eine Straße ein, die zur **Amrumer Windmühle** führt. Wenige Meter vor der Inselstraße biegen Sie an einem Wanderwegweiser rechts auf einen Fußweg ab, der Sie vorbei an der Mühle und dann erneut rechts zu ihrem Zugang führt.

Die Ende des 18. Jh. errichtete Mühle, in der heute ein kleines Museum untergebracht ist und Kunstausstellungen präsentiert werden, war noch bis 1962 in Betrieb. Auch heute noch ist sie voll funktionsfähig und an bestimmten Tagen lässt der Müller die Flügel drehen und Sie können die ausgeklügelte hölzerne Konstruktion im Innern bewundern. Darüber hinaus hatte die Mühle noch eine weitere Funktion. Wegen ihrer erhöhten Lage war sie weithin sichtbar und diente der Schifffahrt als Landmarke.

⌘ Amrumer Windmühle, 💻 www.amrumer-windmuehle.com, 🚪 tgl. 10:30-13:00 und 14:30-17:00, Mo bis 16:00 und So ab 11:00, das Museum ist nur von April bis Oktober geöffnet, Eintritt frei, eine Spende zur Erhaltung der Mühle wird gern genommen.

Eine Visite lohnt auch der gegenüber der Mühle auf der anderen Seite der Inselstraße liegende Friedhof der Namenlosen. Hier wurden seit 1906 ertrunkene Seeleute, die auf dem Kniepsand angespült wurden und deren Identität nicht zu ermitteln war, begraben. Insgesamt wurden hier 32 Namenlose beigesetzt, der letzte 1969.

Von der Mühle gehen Sie auf dem Wanderweg, der parallel einige Meter abgesetzt von der Inselstraße verläuft, nach Norden und biegen nach knapp 150 m rechts ab auf die Straße Lungiaat, an deren Ende Sie auf die Straße Uasterstigh stoßen. Hier sollten Sie nun einen kurzen Abstecher zum **Öömrang Hüs** machen. Dazu gehen Sie rechts und nach 30 m links in die Straße Waaswai, wo Sie nach wenigen Schritten das sehenswerte ehemalige Kapitänshaus aus dem frühen 18. Jh. sehen. In dem Kulturdenkmal können Sie mehrere prächtige Wohnräume besichtigen, in der „guten Stube" auch heiraten.

⌘ Öömrang Hüs, 💻 www.oeoemrang-hues.de, 🚪 in der Hauptsaison Mo-Sa 11:00-13:00 und 15:00-17:00, Sa nur nachmittags, in der Nebensaison Mo-Fr 11:00-13:30, Eintritt frei

Wieder an der Straße Uasterstigh gehen Sie rechts und vorbei an Cafés, Restaurants und Geschäften wandern Sie durch das alte Zentrum Nebels bis zur **Kirche St. Clemens ❷**.

Nebel

Nebel ist mit seinen blumengeschmückten, mit Reet gedeckten Friesenhäusern, den Kopfsteinpflastergassen, der Kirche St. Clemens und weiteren historischen Bauwerken wohl das schönste Dorf auf der Insel. Zusätzlich sorgen Cafés, Restaurants und kleine Läden dafür, dass sich die meisten Touristen hier sehr wohlfühlen.

Neben der weiter oben bereits erwähnten Windmühle und dem Öömrang Hüs ist vor allem die Kirche St. Clemens sehenswert. Die größte Kirche Amrums wurde Anfang des 13. Jh. gebaut, der Turm allerdings erst 1908 angefügt. Die Kirche ist mit Reet gedeckt, der Turm hat ein Kupferdach. Ein Blick ins Innere des Gotteshauses lohnt sich (🚪 tgl. 9:00-19:00). Neben der frühgotischen Apostelgruppe und dem aus romanischer Zeit stammenden Taufstein, der wohl so alt ist wie die Kirche, sind der Flügelaltar und die Kanzel mit ihrem Schalldeckel von besonderem Interesse. In der Nordwestecke des Friedhofes stehen etwa 150 Grabsteine. Die sogenannten sprechenden Grabsteine stammen aus der Zeit von 1670 bis 1830. Sie berichten mit eingemeißelten Texten aus dem Leben der Verstorbenen.

☺ Wer zur Tourist-Information möchte, erreicht sie nördlich der Kirche auf einem Fußweg vom Friedhof nach 100 m im Haus des Gastes.

ℹ Amrum Touristik Nebel, Meeskwai 1a, 25946 Nebel/Amrum, ☏ 046 82/943 00, 💻 www.amrum.de, 🚪 Mo-Fr 10:00-14:00

Vom Rastplatz vor dem Eingang zur Kirche gehen Sie in westlicher Richtung wieder auf die Hauptstraße Uasterstigh und dort rechts. An der nächsten Abzweigung biegen Sie links ab und gehen am Ende der Straße rechts. Nach etwa 80 m zweigt links der Noorderstrunwai ab, dem Sie folgen. Sie überqueren die Inselhauptstraße an der Bushaltestelle „Westerheide" und gelangen 250 m weiter an eine Kreuzung, wo Sie wieder auf den Tanenwai stoßen. Geradeaus geht es zum FKK-Strand von Nebel (2,3 km entfernt). Sie aber gehen links und kreuzen 400 m weiter den asphaltierten **Strunwai ❸**.

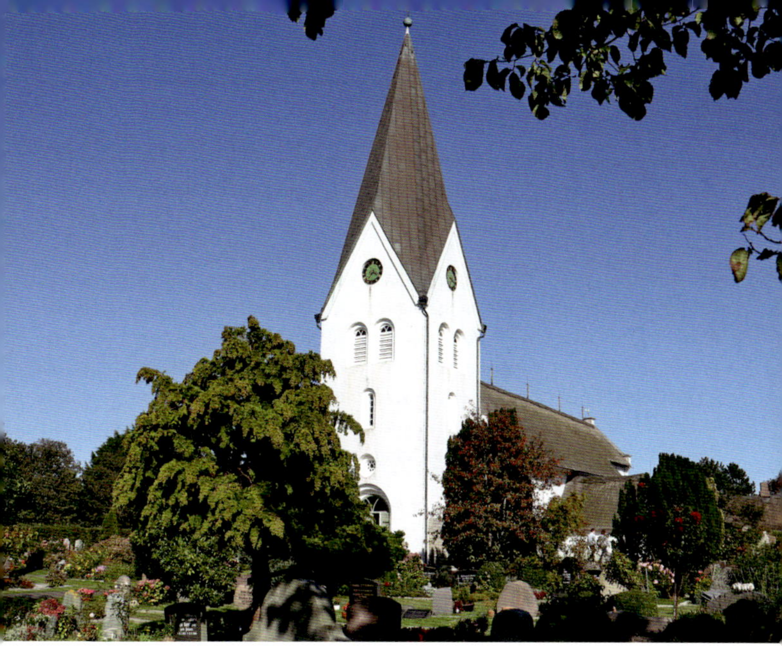

Nebels Kirche St. Clemens stammt aus dem 13. Jh.

Die Straße führt ↳ rechts zur Kniepsandhalle, die als Veranstaltungsort und Strandkorbhalle genutzt wird, und etwas weiter zum Badestrand am Kniepsand (1,5 km entfernt), den auch Wanderer mit Buggy auf einem Plankenweg problemlos erreichen können.

Auf dem Tanenwai wandern Sie weiter und gelangen an die Fachklinik Satteldüne für chronisch kranke Kinder und Jugendliche. Am Ende des Geländes folgen Sie dem Weg um die Linkskurve und erreichen etwa 600 m weiter kurz vor dem Ende der Wanderung einen großen Abenteuerspielplatz mit Rastmöglichkeit und einem Toilettenhäuschen.

Hinter dem Spielplatz erreichen Sie nach 100 m die Abzweigung, die rechts zu Ihrem Ausgangspunkt führt.

☺ ↳ Wenn Sie noch Lust auf einen Strandbesuch haben, gehen Sie vom Parkplatz geradeaus weiter. Nach knapp 1 km kommen Sie an den Kniepsand, der dank eines Plankenweges auch für Wanderer mit Buggy einfach zu erreichen ist.

㉒ Amrum – Amrumer Dünen

Tour für Archäologen, Naturkundler, Bergsteiger und Strandliebhaber

Die Rundtour durch die Amrumer Dünen ist wohl die abwechslungsreichste und schönste Wanderung, die man auf Amrum machen kann. Vorwiegend auf breiten Plankenwegen wandern Sie durch eine faszinierende Dünenlandschaft. Sie besteigen eine Aussichtsdüne mit atemberaubender Rundumsicht, besuchen ein archäologisches Gelände mit dem Nachbau eines Steinzeithauses, gehen um eine Vogelkoje herum durch einen Naturerlebnisraum, statten einem Jugendstil-Leuchtturm einen Besuch ab und wandern über einen breiten Sandstrand. Viel mehr geht nicht.

Start/Ziel: Südteil vom Parkplatz Norddorf am südlichen Ortseingang, GPS N 54°40.642' E 008°19.797'

8,5 km

2 Std. 30 Min.

60 m/60 m, nur mäßige An- bzw. Abstiege

0-32 m

keine

Die Tour verläuft in den Dünen zum großen Teil auf Bohlenwegen, am Strand findet man den tragfähigsten Untergrund am Spülsaum, der stellenweise sandige Pfad zwischen Vogelkoje und dem Fuß der Aussichtsdüne kann über einen parallel verlaufenden Waldweg umgangen werden. Denken Sie daran, dass das Wandern am Strand anstrengender ist und länger dauert als auf befestigten Wegen.

in Norddorf vielfältige Einkehrmöglichkeiten, direkt am Weg nur ein Imbiss an der Vogelkoje (km 5,3)

Entlang des Weges gibt es an vielen Stellen Bänke, darüber hinaus Rastmöglichkeiten am Sandstrand, besonders schöne Rastplätze finden sich an der Himmelsleiter (km 1,1), am Leuchtturm (km 3,7), im archäologischen Areal (km 4,7), an der Vogelkoje (km 5,3) und auf der Aussichtsdüne A Siatler (km 7,5).

WC am Strand rechts von der Himmelsleiter (km 1,2) und am Rastplatz bei der Vogelkoje (km 5,3)

in Norddorf zahlreiche Einkaufsmöglichkeiten, am Weg keine

sehr gute Bademöglichkeiten entlang des Weges am Strand

Der Weg führt entlang des breiten Sandstrandes, der ein ideales Revier für Kinder ist. Auch das archäologische Areal mit dem Steinzeithaus und die Vogelkoje sind für Kinder besonders attraktiv.

Die Tour ist wegen der sandigen und vielen stufigen Abschnitte für Wanderer mit Buggy ungeeignet.

Hunde sind auf der gesamten Strecke an der kurzen Leine zu führen, einen Hundestrand gibt es nicht.

Kostenloser, großer Parkplatz am südlichen Ortseingang. Dem Startpunkt sind Sie auf dem südlichen Teil des Parkplatzes am nächsten.

An Start und Ziel Haltestelle „Norddorf Minigolfplatz" (nur Fahrtrichtung Wittdün). Von Wittdün kommend hält der Bus an der Haltestelle „Norddorf Sturmmöve", die knapp 500 m vom Parkplatz entfernt ist; Inselbus nach Wittdün über Nebel.

Amrum Touristik Norddorf, Ual Saarepswai 7, 25946 Norddorf/Amrum,
☏ 046 82/947 00, www.amrum.de, Mo-Fr 9:00-14:30

Gut 1 km führt die Wanderung auf dem breiten Kniepsand

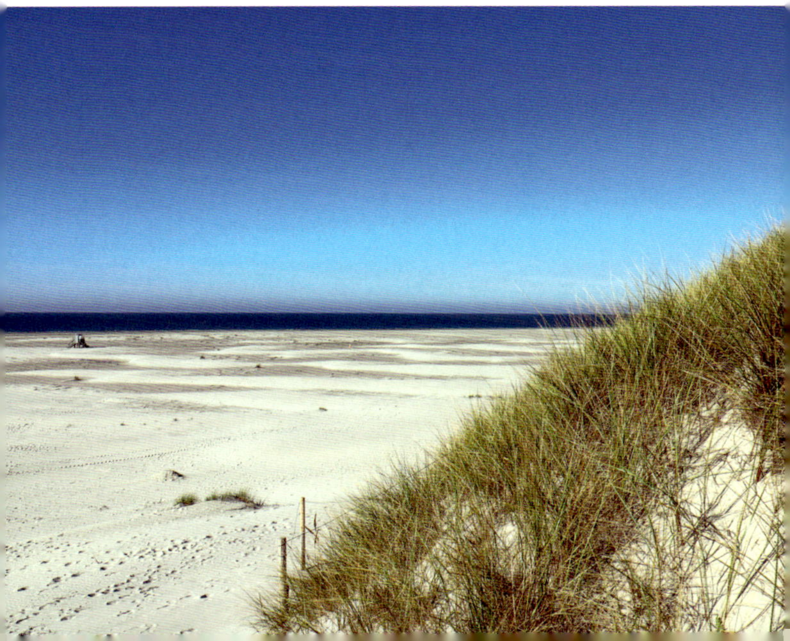

Auf dem Südteil des Parkplatzes finden Sie ganz an seinem Südende einen Zugang, der auf den Bohlenweg mit dem schönen Namen Düüwdääl führt. Ein Friesisch sprechender Einheimischer hat mir den Straßennamen als „Taubental" übersetzt und meine fehlerhafte Aussprache zu *„düüudääl"* korrigiert. Mit diesem Wissen können Sie jetzt bei Touristen und Einheimischen ordentlich punkten.

Sie halten sich rechts und wandern aufwärts in das Naturschutzgebiet Amrumer Dünen.

NSG Amrumer Dünen

Das über 700 ha große Naturschutzgebiet grenzt östlich an den Kniepsand an und erstreckt sich über eine Länge von ca. 8 km in Nord-Süd-Richtung von Wittdün über Nebel bis nach Norddorf fast über die ganze Länge der Insel. Das ausgedehnte Gebiet ist eine der größten und vielfältigsten Dünenlandschaften Deutschlands, die alle Stadien der Dünenbildung zeigt und reich an typischer Flora ist. Für Brutvögel ist das Gebiet vor allem für verschiedene Möwenarten interessant und hier insbesondere für die Heringsmöwe, von denen in einer Brutsaison bis zu 8.000 Brutpaare gezählt wurden.

Durch die sandigen Dünen gelangt man bequem auf Bohlenwegen

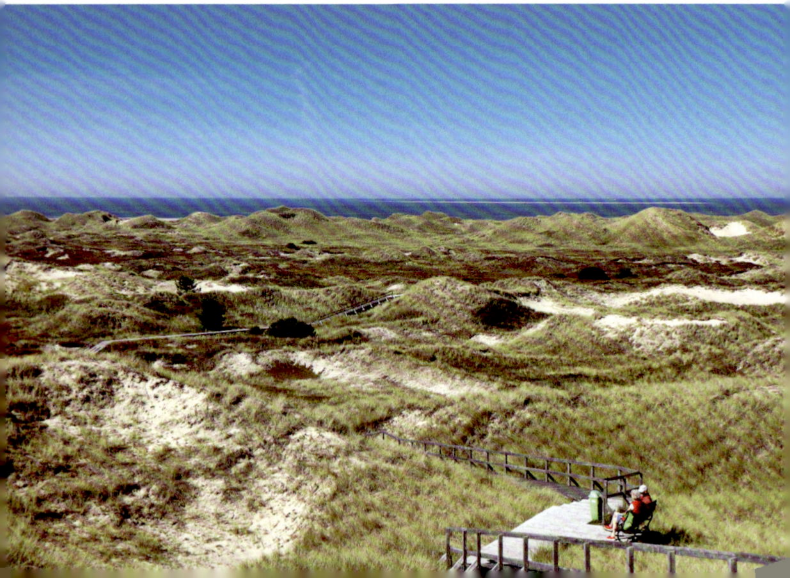

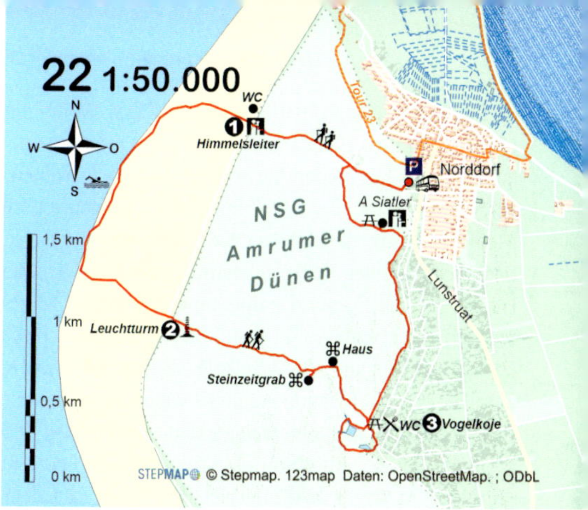

Nach dem kurzen Anstieg geht es hinab in eine Senke mit einem kleinen Wald, wo Sie auf eine Kreuzung treffen. Hier geht es links zum höchsten Gipfel Amrums, der Düne A Siatler, auf die Sie auf dem Rückweg steigen. Sie wandern an der Kreuzung weiter geradeaus auf dem sogenannten Dünenlehrpfad. Zahlreiche Infotafeln zu Natur und Landschaft begleiten Sie nun, bis Sie an das Westende des Dünengeländes stoßen und an die **Himmelsleiter ❶** gelangen, eine hölzerne Treppenanlage mit einer Aussichtsplattform auf einer Düne, wo Sie eine schöne Rastmöglichkeit finden und einen eindrucksvollen Blick auf die Südspitze von Sylt haben.

Unten am Strand können Sie direkt unterhalb der Dünen nach links wandern (achten Sie auf die im Frühjahr gesperrten Brutgebiete, die nicht betreten werden dürfen) oder Sie gehen bis zum Spülsaum und wandern dort in südwestlicher Richtung.

Nach etwas mehr als 1 km müssen Sie sich wieder Richtung Dünen orientieren, wo Sie den **Norddorfer Leuchtturm** sehen. Der Übergang war bei meinem letzten Besuch mit einer hohen Fahnenstange markiert, an deren Spitze eine Deutschlandfahne flatterte. Gleich hinter dem Fahnenmast beginnt ein Bohlenweg und etwas weiter können Sie auf einer Holztreppe zum Leuchtturm ❷ steigen, wo Sie erneut eine wunderbare Rastmöglichkeit finden. Der 1906 errichtete Minileuchtturm, der nur eine Höhe von knapp 10 m hat, ist insofern besonders interessant, weil er Elemente des Jugendstils aufweist. Er kann nur von außen besichtigt werden.

Vom Leuchtturm wandern Sie auf einem Bohlenweg weiter durch die beeindruckende Dünenlandschaft, in der Sie zahlreiche Vögel beobachten können. Nach etwa 1 km erreichen Sie das sogenannte **archäologische Areal**. Hier treffen Sie zunächst auf einen Stichweg, der rechts zu einem ca. 5.000 Jahre alten Steinzeitgrab führt. Wieder auf dem Hauptweg gelangen Sie etwas weiter an ein 2014 nachgebautes Haus aus der Eisenzeit. Das Wohn- und Stallgebäude vermittelt einen guten Eindruck davon, wie unsere Vorfahren vor etwa 2.000 Jahren gelebt haben. Auch hier finden Sie schöne Rastmöglichkeiten.

Sie verlassen das Areal auf einem Bohlenweg. In das Holz eingelassene Metalltafeln mit den Jahreszahlen besonderer geschichtlicher Ereignisse lassen den Weg zu einer Zeitreise werden. Am Ende der Reise kommen Sie an einem Freigehege mit Damwild vorbei an einen großen Rastplatz mit Spielplatz, Toiletten und einem Imbiss (🚪 tgl. 11:00-16:00, bei schlechtem Wetter auch kürzer). Er liegt am Eingang zur **Vogelkoje** Meeram ❸. Die 1866 erbaute und bis 1936 zum Fang von Wildenten genutzte Vogelkoje ist heute ein Naturerlebnisraum, wo Besucher Naturzusammenhänge und den Einfluss des Menschen auf die Natur erfahren können. Rund um die Vogelkoje, die heute Kulturdenkmal ist, führt ein etwa 700 m langer, barrierefreier Bohlenweg, auf dem Sie anhand von Schautafeln zahlreiche interessante Informationen erhalten. Ein Blick in die winzige ehemalige Behausung des Vogelkojenwärters am Eingang des Rundweges zeigt, wie einfach und entbehrungsreich das Leben der Wärter war. Am Ende des Rundweges treffen Sie auf den breiten Meeramwai, der nach gut 50 m links zum Rastplatz führt.

Insektenhotel am Rundweg in der Vogelkoje Meeram

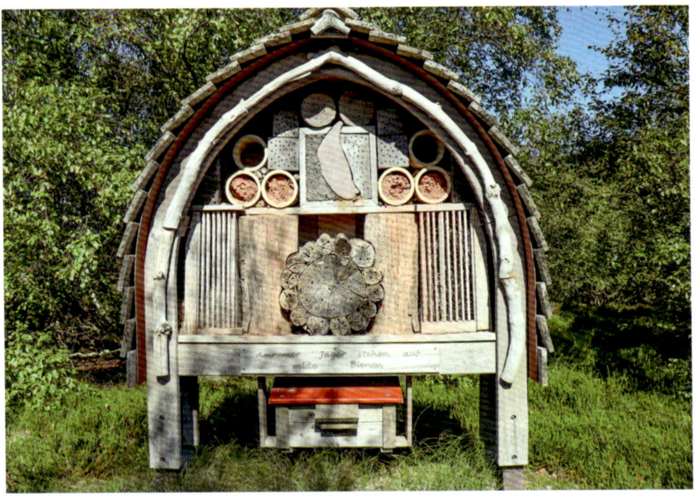

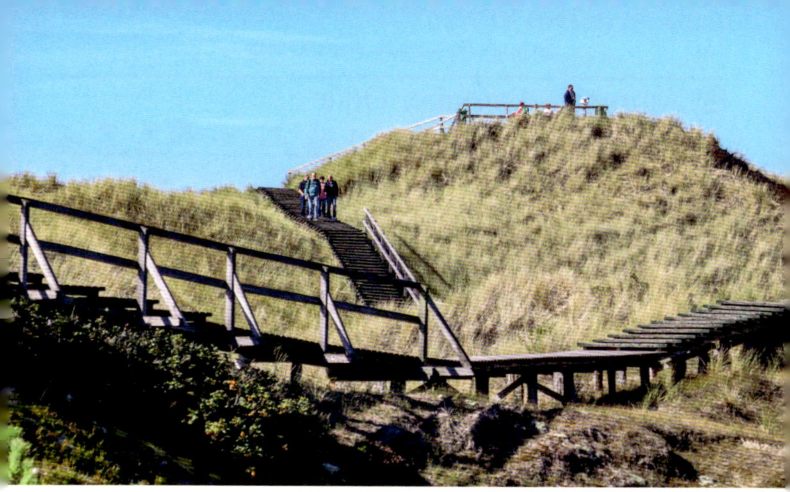

Auf die Aussichtsdüne A Siatler führt ein Bohlenweg

Wieder zurück am Rastplatz gehen Sie zunächst in Richtung archäologisches Gelände, biegen aber am Freigehege nach wenigen Metern rechts auf einen Pfad ab, der zwischen den Dünen links und dem Kiefernwald rechts verläuft. Der Pfad, der stellenweise sehr sandig ist, führt bis zum Fuß der Aussichtsdüne A Siatler immer an der Grenze zwischen Wald und Dünen entlang. Ein sehr schöner, knapp 1,5 km langer Abschnitt, der kaum frequentiert wird und beste Blicke auf das teilweise dicht mit Heide bewachsene Dünengelände bietet. Wer festeren Untergrund bevorzugt, kommt auf dem breiten, vom Rastplatz abzweigenden Hauptweg (Meeramwai) durch den Wald ebenfalls zum Fuß der Aussichtsdüne.

Dort steigen Sie die imposante Holztreppenanlage hoch und werden oben vom Aussichtsdeck mit schöner Rastmöglichkeit auf der Düne **A Siatler** (32 m) mit einem atemberaubenden Blick vom höchsten Gipfel Amrums belohnt. Im Norden sehen Sie die Nordspitze Amrum Odde und dahinter die Südspitze Sylts mit dem Hörnumer Leuchtturm. Im Osten ist Föhr zu sehen und im Westen und Süden überblicken Sie das NSG Amrumer Dünen und können den Norddorfer Leuchtturm sehen. Beeindruckend ist auch der Bohlenweg, der sich wie eine riesige Schlange durch die Dünen schlängelt.

Auf ihm wandern Sie nun abwärts, bis Sie an die vom Hinweg bekannte Kreuzung gelangen, an der nach links der Dünenlehrpfad beginnt. Sie wenden sich nach rechts und sind in wenigen Augenblicken wieder zurück an Ihrem Ausgangspunkt auf dem Parkplatz.

23 Amrum – Amrumer Odde

Tour für Strandfans und Naturfreunde

Die Rundwanderung um die unter Naturschutz stehende Nordspitze der Insel bietet sowohl Freunden des Wassersports und Strandlebens als auch Naturbegeisterten eine Fülle von Möglichkeiten. Der Sandstrand ist erstklassig und an einer Wassersportschule können Sie sogar Sportgeräte ausleihen. Naturfreunde finden eine Fülle teilweise seltener und bedrohter Vogelarten und können mit Glück auf den vorgelagerten Sandbänken Seehunde und Kegelrobben entdecken, die manchmal sogar bis an den Strand kommen. Wer in das für Besucher gesperrte Naturschutzgebiet will, kann sich einer geführten Wanderung mit fachkundiger Begleitung eines Naturschutzwartes anschließen.

Start/Ziel: Parkplatz Norddorf am südlichen Ortseingang, GPS N 54°40.696' E 008°19.829'

10,8 km

3 Std. 15 Min.

25 m/25 m, keine nennenswerten An- bzw. Abstiege

0-10 m

keine

Die Tour verläuft etwa zur Hälfte auf befestigten Wegen, zur anderen Hälfte am Sandstrand. Denken Sie daran, dass das Wandern am Strand anstrengender ist und länger dauert als auf befestigten Wegen.

in Norddorf vielfältige Einkehrmöglichkeiten, am Weg die Restaurants De Strunluuker (km 1,1) und Strand 33 (km 1,2)

Entlang des Weges gibt es an vielen Stellen Bänke, darüber hinaus Rastmöglichkeiten am Sandstrand, Rastplätze finden sich an der Nordspitze (km 5,5), am WC-Häuschen (km 8,2), am Gewässer am Teerdeich (km 9,4) und am Ende des Teerdeiches (km 9,8).

WC am Strandzugang (km 1,2), am Beginn des Teerdeiches (km 8,2) und in der Ortsmitte neben der Touristinfo (km 10,5)

in Norddorf zahlreiche Einkaufsmöglichkeiten, u. a. ein Edeka Frischemarkt direkt am Weg (km 10,6)

sehr gute Bademöglichkeiten entlang des Weges am Strand

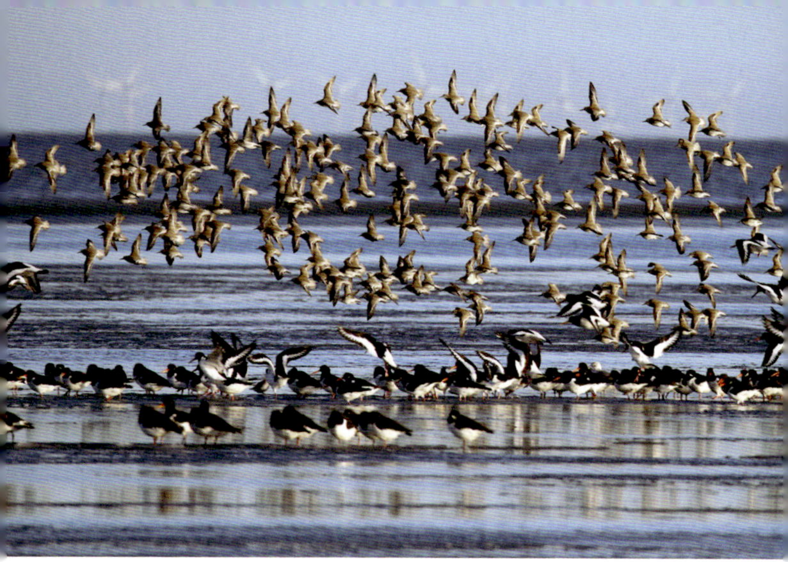

Auf dieser Tour lassen sich riesige Vogelschwärme beobachten

Der Weg führt etwa zur Hälfte entlang des Strandes, ein ideales Revier für Familien mit Kindern. Auch das Naturzentrum Amrum ist (nicht nur für Kinder) eine attraktive Zugabe.

Die Tour ist wegen der langen Strecken am Sandstrand für Wanderer mit Buggy ungeeignet.

Hunde sind den größten Teil der Strecke ganzjährig an der kurzen Leine zu führen. In Norddorf gibt es nördlich der Wassersportschule Amrum einen Hundestrand.

P kostenloser, großer Parkplatz am südlichen Ortseingang

An Start und Ziel Haltestelle „Norddorf Minigolfplatz" (nur Fahrtrichtung Wittdün) des Inselbusses nach Wittdün über Nebel. Von Wittdün kommend hält der Bus an der Haltestelle „Norddorf Sturmmöve", die knapp 500 m vom Parkplatz entfernt ist.

Die Wanderung beginnt auf dem nördlichen Teil des Parkplatzes an seiner Nordwestecke, wo der asphaltierte Fußweg Risamwai (für Radfahrer gesperrt) beginnt. Der Weg führt durch die ausgedehnten Dünen. Sie kreuzen einen Bohlenweg, der links zur Aussichtsdüne A Siatler (☞ siehe Tour 22) führt und rechts in das Dorf. Sie gehen weiter geradeaus und passieren gleich ein feuchtes Dünental. Eine Infotafel klärt über das besondere Biotop auf.

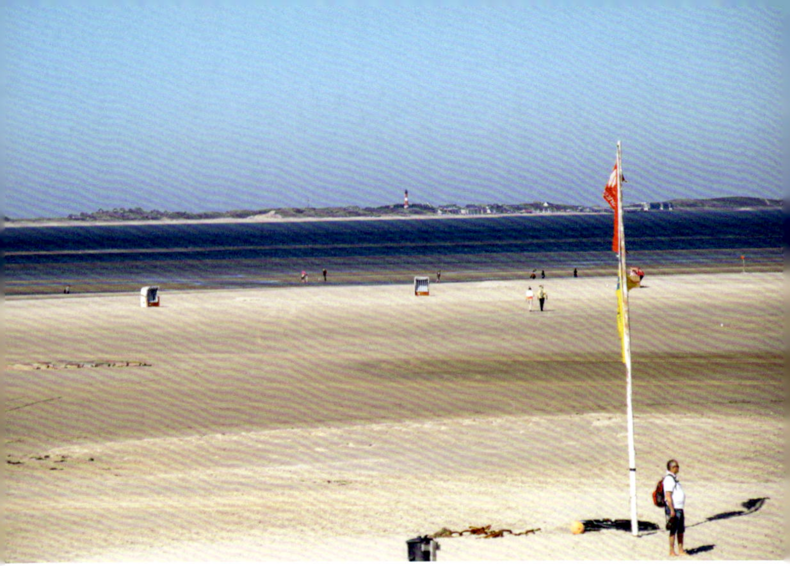

Vom Strand bei Norddorf hat man einen schönen Blick auf Sylt und den Hörnumer Leuchtturm

Dann erreichen Sie den **Strandzugang ❶**. Rechts liegt im ehemaligen Hallenbad das Naturzentrum Amrum des Naturschutzvereins der Insel. Hier können Sie sich über die Natur und Landschaft des Wattenmeeres informieren. Im Obergeschoss finden Sie das Restaurant De Strunluuker und etwas weiter Richtung Strand das Restaurant Strand 33.

⌘ Naturzentrum Amrum, Strunwai 31, 25946 Norddorf/Amrum, ☏ 046 82/16 35, 💻 https://naturzentrum-amrum.de, 🚪 April-Oktober Fr-Mi 10:00-17:00, im Winter Mi, Fr, Sa, So 12:00-16:00, Eintritt frei, Spenden sind erwünscht

🍴 Restaurant De Strunluuker, Strunwai 31, 25946 Norddorf/Amrum, ☏ 046 82/968 94 40, 🚪 So-Fr 12:00-15:00 und ab 17:00

🍴 Restaurant Strand 33, Strunwai 33, 25946 Norddorf/Amrum, ☏ 046 82/96 15 55, 🚪 1. April-31. Oktober Do-Di 12:00-20:00, Mi Ruhetag

Auf dem Weg zum Strand passieren Sie eine gleich rechts liegende Aussichtsplattform, von der Sie sich einen Überblick über den riesigen, breiten Sandstrand machen können und nach Norden auf die Südspitze Sylts schauen.

Der Hauptstrand Norddorfs zieht sich links nach Süden. Sie halten sich rechts und wandern vorbei an der Wassersportschule Amrum zum Spülsaum, wo Sie den tragfähigsten Untergrund finden.

Die Wassersportschule bietet Kurse für alle Wassersportarten an und verleiht auch Material (💻 https://boyens-amrum.de/wassersport, 🚪 Anfang April-Ende Oktober tgl. ca. 8:00-18:00).

An der Wasserkante wandern Sie Richtung Nordosten, immer den nördlichen Nachbarn Sylt im Blick. Von der Südspitze Sylts (Hörnum Odde) ziehen sich in einer langen Reihe eine Anzahl von Sandbänken südwärts bis vor die Küste Amrums. Die bei Niedrigwasser sichtbaren Bänke dienen einerseits als natürliche Wellenbrecher und schützen so die Nordküste Amrums, sind andererseits aber auch wichtige Rast- und Futterplätze für Scharen von Watvögeln und beliebte Ruheplätze für Seehunde und Kegelrobben, die Sie ab und zu sogar am Strand beobachten können.

In Höhe des Schullandheimes Ban Horn, das vom Strand unsichtbar rechts oben in den Dünen liegt, wird der Strand abrupt schmaler. Wie alte Landkarten zeigen, lag hier noch vor etwa 100 Jahren die breite Öffnung einer Nehrung – der sogenannte Kniep Hafen –, die ursprünglich südlich bis nach Süddorf reichte. Im Laufe der Zeit versandete die Nehrung mehr und mehr und verwandelte sich in eine feste, geschlossene Sandplatte, wie wir sie heute als breiten Badestrand kennen.

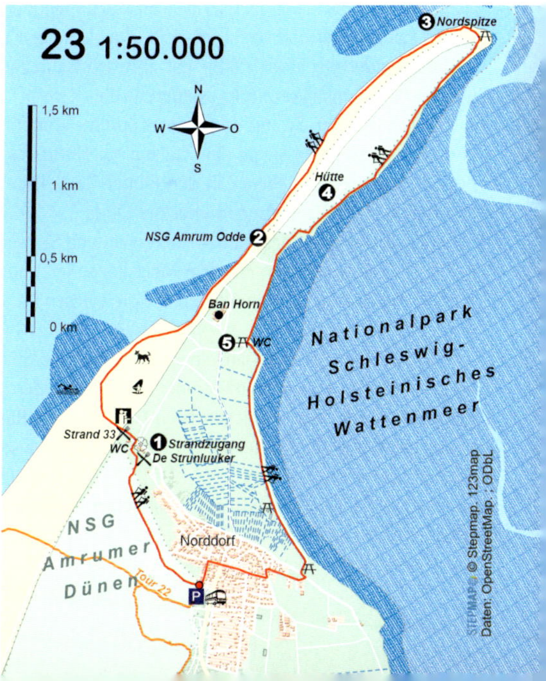

Etwa 800 m weiter beginnt das **Naturschutzgebiet Amrum Odde ❷**.

NSG Amrum Odde

Die Nordspitze Amrums ist seit 1936 als Naturschutzgebiet ausgewiesen. In den Dünen brüten viele Seevogelarten, allen voran Silber- und Heringsmöwen, Eiderenten und Mittelsäger, aber auch gefährdete Arten wie Zwergseeschwalben (auf der vorgelagerten Kiesspitze) und Sandregenpfeifer. Auch als Rastplatz für Durchzügler und als Überwinterungsgebiet hat die Odde große Bedeutung.

Das Gebiet wird seit 1941 vom Verein Jordsand betreut. Von Mai bis Oktober werden sehr informative Führungen (ca. 90 Minuten) durch das Gebiet angeboten.

♦ ☏ 046 82/23 32, 💻 www.jordsand.de/schutzgebiete/amrum-odde, 🚪 Di-So um 10:00, Treffpunkt auf der Ostseite am Aufgang zum Vogelwärterhaus ❹

Sie wandern weiter bis zur **Nordspitze ❸**, wo Sie einen guten Rastplatz mit schöner Aussicht finden. Im Norden fällt Ihr Blick immer noch auf Sylt mit dem Hörnumer Leuchtturm. Nach Osten sehen Sie über das Amrumtief hinweg auf Föhr. Die Insel ist nur etwas mehr als 2 km entfernt. Auch wenn es so aussieht, als könne man bei Niedrigwasser einfach zu Fuß hinübergehen, sollten Sie das auf keinen Fall von hier und vor allem nicht ohne kundigen Wattführer tun. Auskünfte zu Wattwanderungen nach Föhr mit einem ortskundigen Führer bekommen Sie u. a. in der Touristinfo und im Naturzentrum.

Sie wandern am Strand weiter, jetzt auf der Wattenmeerseite der Insel. Nach etwa 1,5 km kommen Sie an den Zugang zur **Hütte der Naturschutzwarte ❹**, die gut 50 m abseits des Weges in den Dünen liegt. Hier ist der Treffpunkt für die naturkundlichen Wanderungen über die Odde.

Kurz darauf endet das Naturschutzgebiet und Sie werden auf einen Bohlenweg geleitet. Zwischen Ihnen und dem Meer liegen jetzt ausgedehnte Salzwiesen mit großen Beständen an Strandflieder, der die Wiesen im Sommer in ein zartes Violett taucht.

Der Bohlenweg endet an einem großen Fahrradparkplatz. Rechts führt ein Weg durch die Dünen zum Strand. Sie gehen aber auf dem festen Sandweg geradeaus weiter und erreichen nach 650 m einen **Rastplatz ❺** mit WC-Häuschen. Links beginnt ein Teerdeich, auf dem Sie mit schöner Aussicht über das Wattenmeer weiterwandern.

Nach etwa 1,2 km passieren Sie an einem kleinen Gewässer einen Rastplatz und kommen am Ende des Teerdeiches an einen weiteren, beide sind mit Bank und Tisch ausgestattet.

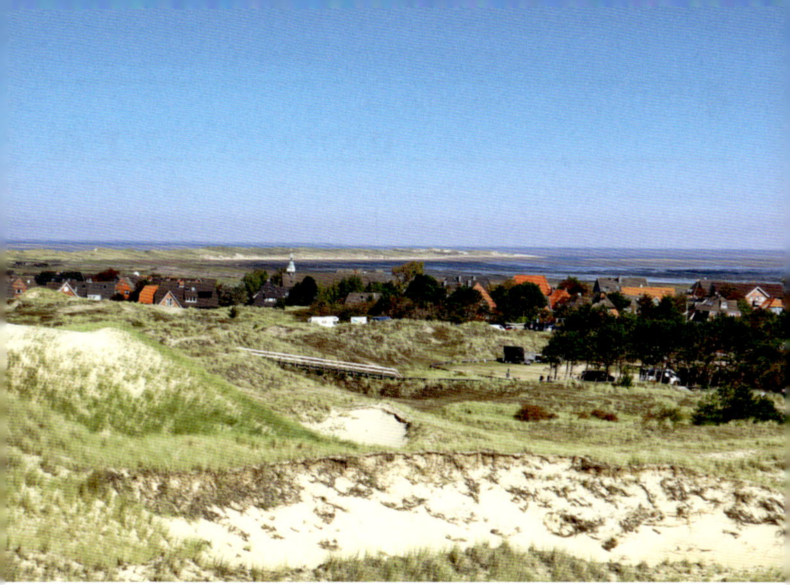

Blick auf Norddorf und die Amrumer Odde

Am Ende des Teerdeiches gehen Sie links und gleich wieder rechts den Wegweisern in Richtung Ortsmitte folgend. Am Ende der Straße müssen Sie links gehen, aber schon nach 50 m wieder rechts in die Straße Taft einbiegen. Auf ihr gelangen Sie ins Zentrum von Norddorf, wo Sie auch die Bushaltestelle „Mitte" des Ortes finden. Knapp 50 m nördlich liegt die Tourist-Info.

i Amrum Touristik Norddorf, Ual Saarepswai 7, 25946 Norddorf/Amrum,
☏ 046 82/947 00, 🖳 www.amrum.de, Mo-Fr 9:00-14:30

Um zum Parkplatz zu kommen, folgen Sie der Straße Taft weiter, gehen an der Kreuzung mit der Hauptstraße (Lunstruat) beim Edeka Frischemarkt geradeaus weiter und dann nach knapp 100 m links in die Straße Halemwai. Auf ihr kommen Sie nach 200 m wieder an Ihren Ausgangspunkt zurück.

㉔ Pellworm – Vogelkoje

Rundtour für Vogelfreunde und Liebhaber kleiner Häfen

Die gemütliche Rundtour auf der Westseite der Insel Pellworm führt Sie auf dem Seedeich zu einer historischen Vogelkoje, die inzwischen unter Naturschutz steht. Das einzige nennenswerte Gehölz der Insel ist heute ein Refugium vor allem für Vögel und bietet inzwischen auch einem Seeadlerpaar einen Brutplatz. Darüber hinaus wandern Sie durch den Fischerei- und Jachthafen, der früher auch der Fährhafen der Insel war.

Start/Ziel: Parkplatz vor der Gemeindeverwaltung, GPS N 54°31.212' E 008°41.066'

6,7 km

1 Std. 45 Min.

10 m/10 m, An- und Abstieg nur am Deich

0-10 m

keine

Die Wanderung verläuft auf der grasigen Deichkrone, alternativ auf einem Asphaltweg am Deichfuß, und entlang einspuriger, kaum befahrener Asphaltstraßen.

in Tammensiel mehrere Einkehrmöglichkeiten in der Nähe des Weges, direkt am Weg keine

Rastmöglichkeiten auf mehreren Bänken am Deich und bei trockenem Wetter direkt im Gras des Deichs, Rastplatz in der Vogelkoje (km 2,5)

WC öffentliche Toilette in der Touristinformation und an der Uthlandestraße etwa 100 m südlich des Ausgangspunkts

direkt am Weg keine, mehrere Geschäfte in der Fußgängerzone

Freizeitbad PelleWelle ca. 150 m südlich des Start-/Zielpunktes (☞ Tour 25)

Bis auf das Freizeitbad gibt es für Kinder keine besonderen Attraktionen.

Für Wanderer mit Buggy gibt es keine Einschränkungen, wer sein Gefährt nicht auf der grasigen Deichkrone schieben möchte, findet rechts und links am Deichfuß asphaltierte Alternativen.

Hunde müssen auf dem Deichabschnitt und in der Vogelkoje sowie in Fußgängerzonen und anderen öffentlichen Bereichen an der kurzen Leine geführt werden.

P gebührenfreier Parkplatz am Amt Pellworm an Start und Ziel, ein weiterer gebührenfreier Platz am Freizeitbad PelleWelle ca. 150 m weiter südlich an der Uthlandestraße nächste Haltestellen „Kurzentrum“ (ca. 150 m südlich des Start-/Zielpunktes) und „Hafen“ direkt am Wanderweg (km 0,2) des Inselbusses nach Tammensiel und zum Fähranleger (ganzjährig, aber nur an Schultagen in Verbindung mit der Schülerbeförderung); darüber hinaus kostenloser Zubringerbus zu jeder Fährabfahrt ab Pellwormer Hafen sowie umgekehrt vom Fähranleger zum Kurzentrum und zum Hafen

Wer sich vor der Wanderung informieren möchte, findet am Ausgangspunkt neben der Gemeindeverwaltung die Tourist-Info und ein kleines Inselmuseum, in dem Sie Wissenswertes zur Kultur und Geschichte der Insel sowie zum Alltagsleben der Bewohner erfahren können.

Kur- und Tourismusservice Pellworm, Uthlandestr. 2, 25849 Pellworm, 048 44/227, www.pellworm.de, Mo-Fr 10:00-17:00, im Juli und August auch Sa 10:00-12:00, im Winter Mo-Fr 10:00-14:00. Das Inselmuseum befindet sich im Obergeschoss (wie Tourismusservice, Eintritt frei).

Austernfischer sind auf den Deichen Pellworms ständige Begleiter

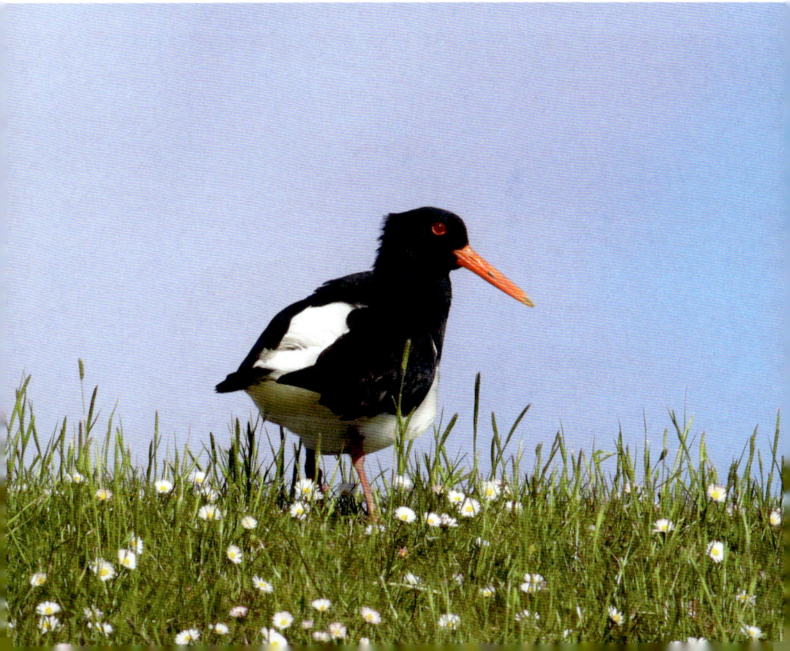

Vom Parkplatz gehen Sie entlang der Uthlandestraße in nördliche Richtung. Über die Sielbrücke (links liegt ein Speicherbecken) gehen Sie Richtung Nationalpark-Haus der Schutzstation Wattenmeer, das wegen seiner gelben Farbe besonders auffällt.

⌘ Nationalpark-Haus der Schutzstation Wattenmeer, Tammensiel 6, 25849 Pellworm, ☏ 048 44/760, Mo-Mi, Fr, Sa 10:00-13:00 und 14:00-17:00, So nur nachmittags, Do geschlossen, im Winter abweichend, Eintritt frei

Wenige Meter vor dem Haus, wo Sie sich über die Natur und Landschaft des Wattenmeeres informieren und sich für Seetierfangfahrten, Exkursionen und Wattwanderungen zur Hallig Süderoog anmelden können, gehen Sie rechts durch die Stöpe in den alten Hafen. Der Hafen, der früher auch Fährhafen war, wird heute von Krabbenfischern, Ausflugsdampfern und Privatbooten genutzt. Die Fähre von Nordstrand legt hier nur noch an, wenn es aus Witterungsgründen am Tiefwasseranleger nicht möglich ist.

Auf der Südseite des Pellwormer Hafens liegt Arno's Hafen-Pub

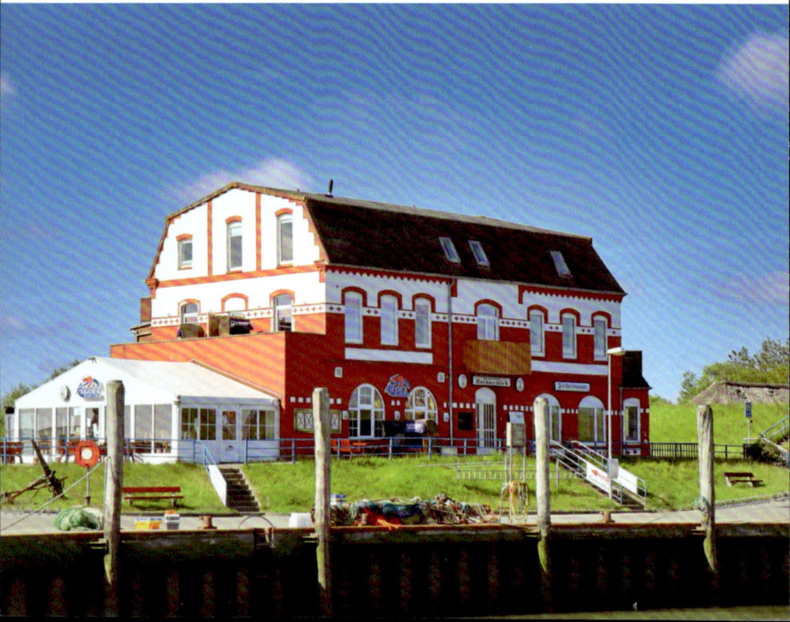

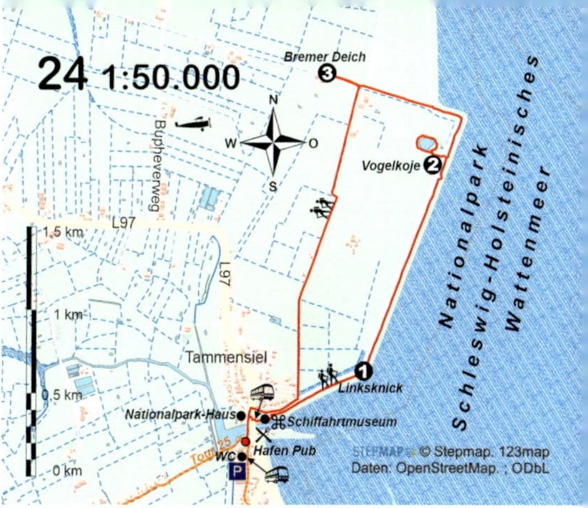

In einem alten Schuppen befindet sich das kleine Schifffahrtsmuseum (Tammensiel 5, 25849 Pellworm, ☏ 048 44/266, April-Oktober tgl. 10:00-17:00, Eintritt frei). Hier können Sie sich über die Arbeit der Fischer und Seeleute der Insel informieren. Die Ausstellung „Seefahrt tut Not“ schildert eindrucksvoll die Gefahren der Seenotrettung.

Auf der gegenüberliegenden Seite des Hafenbeckens sehen Sie ein imposantes, rot-weiß gestrichenes Gebäude, in dem sich das Fischrestaurant Nordseeblick befand (seit einigen Jahren dauerhaft geschlossen) und Arno's Restaurant Hafen Pub untergebracht ist. Dort erhalten Sie u. a. leckere Fischgerichte und andere Speisen, vorwiegend mit Zutaten aus der Region. Besonders beliebt sind die verschiedenen Krabbenspezialitäten.

Arno's Restaurant Hafen Pub, Tammensiel 4, 25849 Pellworm, ☏ 048 44/12 09, Di-So 17:00-21:00, Do-So zusätzlich 12:00-14:00

Am Hafen können Sie auf der Deichkrone, zunächst noch als Plattenweg befestigt, weiterwandern. Nach rechts haben Sie einen schönen Blick auf Nordstrand und die Hallig Nordstrandischmoor. Besonders schön ist die Wanderung im Frühjahr und Frühsommer, wenn der Deich über und über mit blühenden Gänseblümchen bestanden ist und die markanten schwarz-weißen Austernfischer mit ihren langen, roten Schnäbeln auf dem Deich nach Essbarem suchen. Die in Nordfriesland auch Halligstörche genannten Watvögel können Sie besonders gut beobachten, weil ihre Fluchtdistanz hier überraschend gering ist.

Bald macht der Deich einen leichten **Linksknick ❶** und nördlich von Nordstrandischmoor kommt nun auch die Hamburger Hallig in Sicht. Bis zur **Vogelkoje ❷**, die links des Deiches in einem Gehölz liegt, geht es schnurgerade auf dem Deich weiter. Dort angekommen können Sie einen Spaziergang durch die historische Entenfanganlage, die von 1905-1946 in Betrieb war und heute Naturschutzgebiet ist, machen. Die Vogelkoje liegt im einzigen Gehölz auf Pellworm. Es bietet einer Reihe verschiedener Vogelarten einen Lebensraum, den diese sonst auf der Insel nicht finden.

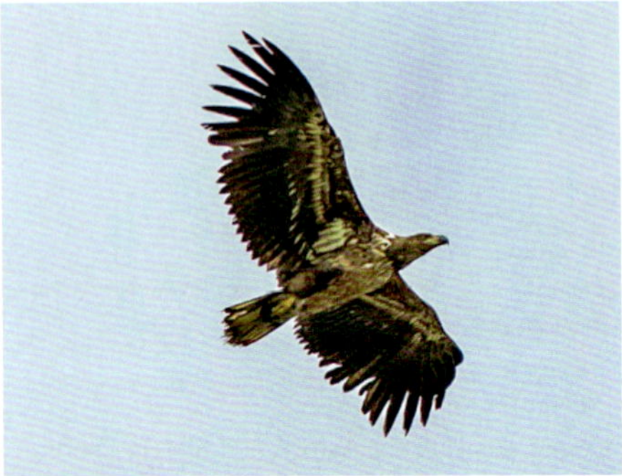

Mit etwas Glück kann man einen Seeadler über der Vogelkoje beobachten

2020 war der Zutritt zur Vogelkoje für Besucher von Februar bis Mitte August gesperrt. Grund war ein Seeadlerpärchen, das sich dort einen Horst gebaut, häuslich niedergelassen und zu brüten begonnen hat. Um die streng geschützten und empfindlichen Tiere nicht zu stören und einen Brutabbruch zu provozieren, wurde die Koje für sämtliche Besucher gesperrt. Wie die Situation in den folgenden Jahren sein wird, kann derzeit noch nicht abschließend gesagt werden.

Aber auch wenn man die Koje nicht betreten darf, lohnt sich die Wanderung, denn nun haben Sie die Chance, vom Deich aus einen der imposanten Seeadler beim Ab- oder Anflug zu beobachten.

Von der Vogelkoje geht die Wanderung auf dem Deich weiter bis zu einem Linksknick bei Kraienhörn. Sie folgen dem Linksknick und gehen nach 200 m vor dem Stacheldrahtzaun, dort, wo der Deich wieder in nördliche Richtung schwenkt, geradeaus weiter und verlassen den Deich. Unten stoßen Sie auf eine Informationstafel, die über den Deichbau und die im Laufe der Jahrhunderte immer höher werdenden Deiche informiert. Gut zu sehen sind von diesem Standpunkt aus drei unterschiedlich hohe Deichgenerationen aus verschiedenen Jahrhunderten.

Auf dem Mitteldeich (Bupheverweg) wandern Sie entlang der einspurigen Asphaltstraße weiter und gelangen nach knapp 400 m an die Abzweigung des ebenfalls einspurigen, asphaltierten Ütermarkerwegs, auf dem Sie zurück nach Tammensiel wandern.

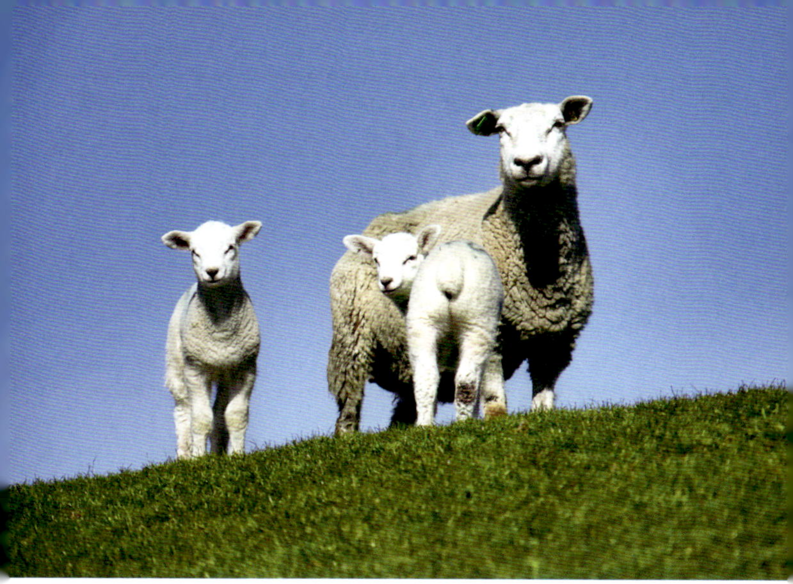

Aufmerksam werden Wanderer auf dem Deich von Schafen beäugt

Vorher können Sie aber nun noch einen kurzen Abstecher (hin und zurück gut 300 m) machen und geradeaus weiter bis zum **Bremer Deich ❸** gehen, der im Vergleich zum heutigen Seedeich nur ein niedriger Wall ist.

Wieder zurück an der Abzweigung wandern Sie entlang der kaum befahrenen Straße zwischen Wiesen, Weiden und Äckern und vorbei an einigen Höfen Richtung Süden.

☺ Wer die nächsten 2 km nicht entlang der asphaltierten Straße wandern möchte, kann hier auch auf der Hinwegsroute zurückgehen.

Nach 2 km endet die Straße am Deich. Sie gehen dort rechts und am Ende der Straße links. Vorbei am Nationalparkhaus und über die Sielbrücke kommen Sie zurück zu Ihrem Ausgangspunkt.

㉕ Pellworm – Neue Kirche, Leuchtturm und Grünstrand

Rundtour für Verliebte, Whisky-, Käse- und Currywurstfans sowie alle anderen

Die Rundtour im Südosten Pellworms hat einige Sehenswürdigkeiten und attraktive Orte zu bieten, von denen die Neue Kirche und der Pellwormer Leuchtturm wohl die Höhepunkte sind. Aber auch Strand- und Wattfreunde kommen am Grünstrand beim Leuchtturm auf ihre Kosten und wer für sein leibliches Wohl sorgen möchte, findet neben einem ausgezeichneten Restaurant einen ungewöhnlichen Imbiss und die Insel Käserei. Für Verliebte ist die Tour eigentlich ein Muss: Kann man doch im Leuchtturm heiraten, durch die Liebesallee wandern und seinen Bund am Liebesgitter besiegeln.

Start/Ziel: Parkplatz vor der Gemeindeverwaltung, GPS N 54°31.212' E 008°41.066'

9,8 km

2 Std. 30 Min.

10 m/10 m, An- und Abstieg nur am Deich

0-10 m

keine

Die Wanderung verläuft auf befestigten Fußwegen, entlang von asphaltierten Straßen und auf der grasigen Deichkrone, alternativ auf einem Asphaltweg am Deichfuß.

in Tammensiel in der Nähe des Ausgangspunktes mehrere Einkehrmöglichkeiten, direkt am Weg in Westertilli Restaurant Unter den Linden (km 4), Imbiss Hornkamp am Abenteuerspielplatz (km 4,6) und Lighthouse Inn am Leuchtturm (km 6,1)

an der Neuen Kirche (km 2,9), am Abenteuerspielplatz Kaydeich (km 4,6), am Grünstrand am Leuchtturm (ab km 5,6)

WC öffentliche Toilette in der Touristinformation und an der Uthlandestraße etwa 100 m südlich des Ausgangspunkts, am Weg kurz vor Erreichen des Seedeiches (km 5,5), am Parkplatz am Lighthouse Inn (km 6,1) sowie mehrere am Grünstrand ab km 5,7

mehrere Geschäfte in der Fußgängerzone, Käserei mit Direktverkauf am Weg (km 3,5)

Grünstrand am Leuchtturm (ab km 5,6) und weitere Bademöglichkeit im Hallenbad PelleWelle kurz vor dem Ziel (km 9,6)

Für Kinder gibt es mit dem Abenteuerspielplatz, dem Grünstrand und der Möglichkeit, den Leuchtturm zu besichtigen, sowie dem Hallenbad PelleWelle gleich mehrere Attraktionen auf dem Weg.

Für Wanderer mit Buggy gibt es keine Einschränkungen, wer sein Gefährt nicht auf der grasigen Deichkrone schieben möchte, findet rechts und links am Deichfuß asphaltierte Alternativen.

Hunde müssen auf einem Teil des Weges an der kurzen Leine geführt werden, östlich des Leuchtturms befindet sich ein Hundestrand.

P gebührenfreier Parkplatz am Ausgangspunkt, ein weiterer gebührenfreier Platz am Freizeit Bad PelleWelle etwa 150 m weiter südlich an der Uthlandestraße, an der Strecke große kostenfreie Parkplätze am Abenteuerspielplatz ❷ (km 4,6) sowie am Leuchtturm (km 6)

Haltestellen „Kaydeich“ (km 4) und „Kurzentrum“ (km 9,6) des Inselbusses nach Tammensiel und zum Fähranleger (ganzjährig, aber nur an Schultagen in Verbindung mit der Schülerbeförderung); darüber hinaus kostenloser Zubringerbus zu jeder Fährabfahrt ab Pellwormer Hafen sowie umgekehrt vom Fähranleger zum Kurzentrum und zum Hafen

Die Tourist-Info und das kleine Inselmuseum, in dem Sie Wissenswertes zur Kultur und Geschichte der Insel sowie zum Alltagsleben der Bewohner erfahren können, befinden sich am Ausgangspunkt neben der Gemeindeverwaltung.

i ⌘ Kur- und Tourismusservice Pellworm, Uthlandestr. 2, 25849 Pellworm, ☏ 048 44/227, www.pellworm.de, Mo-Fr 10:00-17:00, im Juli und August auch Sa 10:00-12:00, im Winter Mo-Fr 10:00-14:00. Das Inselmuseum befindet sich im Obergeschoss (wie Tourismusservice, Eintritt frei).

Sie beginnen die Wanderung am Parkplatz und gehen zwischen Gemeindeverwaltung und Speicherbecken Richtung Westen. Besonders im südwestlichen Teil des Speicherbeckens, wo sich flachere Bereiche befinden, können Sie oft die langbeinigen Säbelschnäbler bei der Nahrungssuche beobachten.

Hinter dem Speicherbecken überqueren Sie eine Fußgängerbrücke und gehen auf dem schmalen Plattenweg weiter. An seinem Ende stoßen Sie auf eine kleine Siedlung. Die wenigen, gepflegten Einfamilienhäuser erstrecken sich entlang der Straße Seegarden, der Sie bis zu einer Kreuzung folgen. Dort gehen Sie weiter geradeaus auf den schmalen Plattenfußweg Karkenstieg.

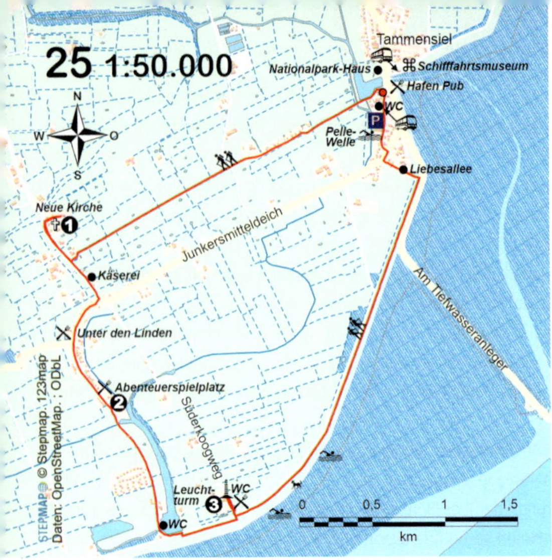

Zwischen Wiesen und Weiden wandern Sie gemütlich von dem Gesang zahlreicher Wiesenvögel begleitet Richtung Südwesten und stoßen am Ende auf eine zweispurige Straße, an der Sie auf dem Fußweg nach rechts gehen. Gut 300 m weiter biegen Sie rechts ab und kommen nach wenigen Schritten zur **Neuen Kirche ❶**.

Neue Kirche

Die mitten auf der Insel stehende Neue Kirche Zum Heiligen Kreuz ist keineswegs ein Bau aus der Neuzeit, wie der Name suggerieren könnte. Die Kirche wurde bereits um das Jahr 1622 erbaut, ist aber deutlich jünger als die Alte Kirche, die in verschiedenen Abschnitten vom 12. bis 14. Jh. errichtet wurde.

Die Neue Kirche mit Ihrem schönen Backsteingiebel ist nicht nur von außen sehenswert, es lohnt auch ein Blick ins Innere des romantischen, mit blauem Gestühl ausgestatteten Gotteshauses. Besonders wertvoll sind der Beichtstuhl, der Altaraufsatz und die Kanzel aus dem Jahr 1638. Einige der Gegenstände wurden aus anderen Kirchen, die 1634 bei der großen Sturmflut untergingen, gerettet.

Wer in der schönen Kirche heiraten möchte, muss schon aus Pellworm sein. Um den Hochzeitstourismus nicht anzukurbeln, sollen keine rein auswärtigen Paare getraut werden, wie die zuständige Pastorin verrät.

Wieder an der Straße wandern Sie zurück, passieren den Eingang zum Karkenstieg und gelangen etwa 150 m weiter an die Insel Käserei Pellworm, wo Sie, sofern geöffnet, sehr leckeren Käse kaufen und an manchen Tagen die Käserei sogar besichtigen können.

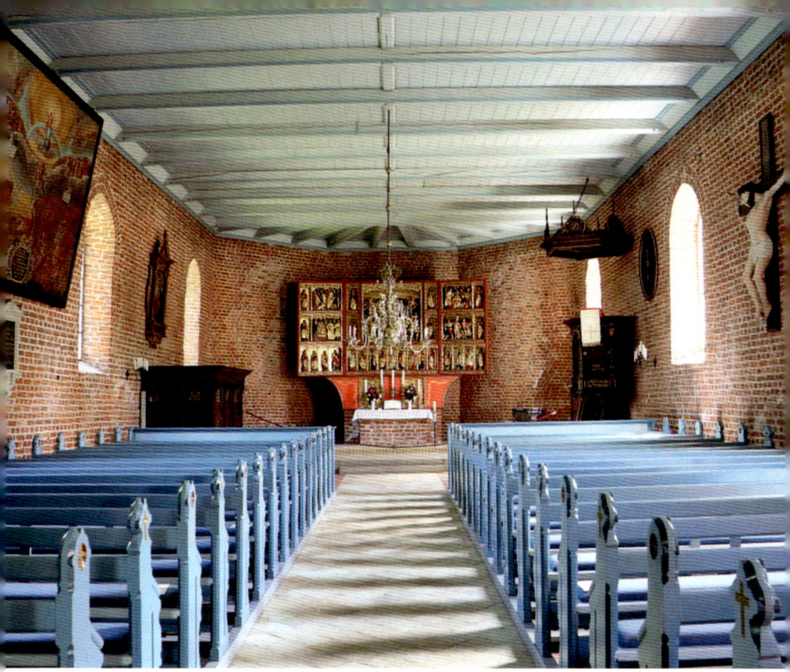

Ein Blick in die Neue Kirche Pellworms lohnt sich

⌘ Insel Käserei Pellworm, Liliencronweg 3, 25849 Pellworm, ☏ 048 45/255, www.inselkaeserei-pellworm.de, Verkauf ständig wechselnde Öffnungszeiten, Info im Internet oder telefonisch, Besichtigungstermine lt. Aushang an der Käserei

Von der Käserei folgen Sie weiter der Straße und gehen an der Gabelung nach gut 150 m rechts auf die Landstraße, wo Sie gleich nach Westertilli kommen. Sie wandern an den sehenswerten, alten Reetdachhäusern, die auf einem Deich stehen, vorbei und erreichen das Restaurant Unter den Linden, das für schmackhafte regionale Küche und faire Preise bekannt ist.

Restaurant Unter den Linden, Westertilli 23, 25849 Pellworm, ☏ 048 44/399, www.unterdenlindenpellworm.de, in der Hochsaison Mo, Di und Do-Sa warme Küche 16:00-21:00, So 12:00-14:00 und 17:00-21:00, Mi Ruhetag, in der übrigen Zeit kürzer, aktuelle Zeiten im wöchentlichen Gastroaushang

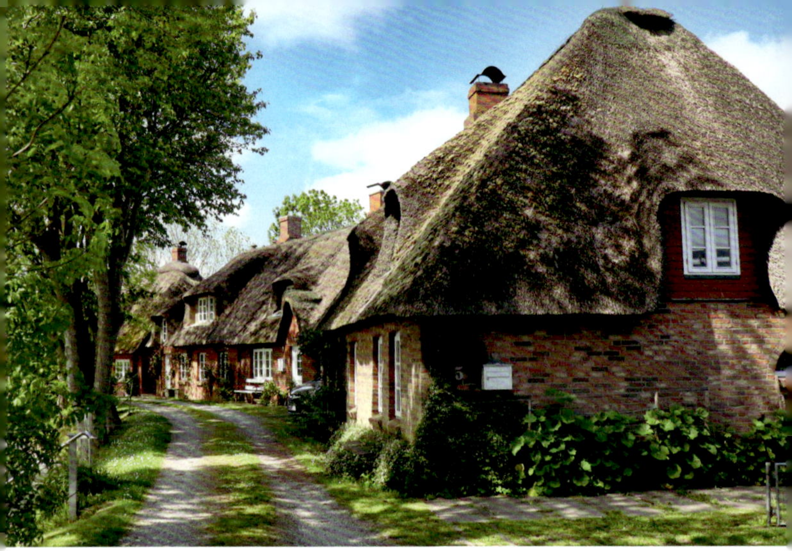

In Westertilli stehen die sehenswerten Reetdachhäuser auf dem Deich

Kurz hinter dem Restaurant – die Landstraße macht hier einen Schwenk nach rechts – gehen Sie geradeaus weiter. Nach 500 m entlang der einspurigen Asphaltstraße erreichen Sie einen Parkplatz, von dem Sie Zugang zu einem großen **Abenteuerspielplatz ❷** haben. Kinder finden hier ein weites Betätigungsfeld und Erwachsene mehrere schöne Rastmöglichkeiten. Für das leibliche Wohl sorgt etwas nördlich ein Imbiss. Dort kann man auch Minigolf spielen.

✕ Imbiss Hornkamp & Minigolf, 01 51/10 18 38 38, Do-Di 12:00-20:00, Mi Ruhetag

Entlang der Straße gehen Sie weiter Richtung Süden. Nach links bietet sich ein schöner Blick auf den Leuchtturm. Kurz hinter einem öffentlichen WC gabelt sich die Straße. Sie gehen links und können kurz darauf auf den Deich hinauf. Auf der Südseite des Deiches finden Sie den Grünstrand, der sich etwa 1 km Richtung Nordosten erstreckt. Im Sommer können Sie hier einen Strandkorb mieten.

Sie wandern auf der Deichkrone Richtung Osten mit wunderbarem Blick auf den Leuchtturm. Nach 400 m verlassen Sie den Deich nach links und gehen in die Zufahrtsstraße zum Leuchtturm. Gleich rechts passieren Sie einen Parkplatz mit dem Imbiss Lighthouse Inn.

Der Imbiss ist in Deutschland einzigartig. Hier werden nicht nur die von einem Etablissement dieser Art gewohnten Speisen und Getränke serviert, sondern auch verschiedene erstklassige Whiskys. Mehr als 100 Sorten, meist Single Malts, können probiert werden. Wer mag, kann dazu echte Berliner Currywurst essen. Die Inhaber Antje & Egbert Rüthnick, Wahl-Pellwormer und Ex-Berliner, veranstalten auch sogenannte Tastings (Whiskyproben).

Lighthouse Inn, 01 70/286 24 11, www.lighthouse-inn-pellworm.de, Mai-September tgl. 12:00-20:00, im Winter kürzer, aktuelle Zeiten im wöchentlichen Gastroaushang

Bis zum 1907 in Betrieb genommenen **Leuchtturm ❸** sind es vom Parkplatz nur noch wenige Meter.

Leuchtturm Pellworm

Das Seezeichen, das besichtigt werden kann, gilt als Wahrzeichen Pellworms. Von seiner Plattform in 37 m Höhe haben Sie einen atemberaubenden Blick weit über die Insel hinaus. Der knapp 42 m hohe Turm ruht mit seinem Gewicht von etwa 130 t auf 127 Eichenpfählen, die bis zu 14 m in den Boden gerammt wurden.

Der Pellwormer Leuchtturm ist weithin sichtbar

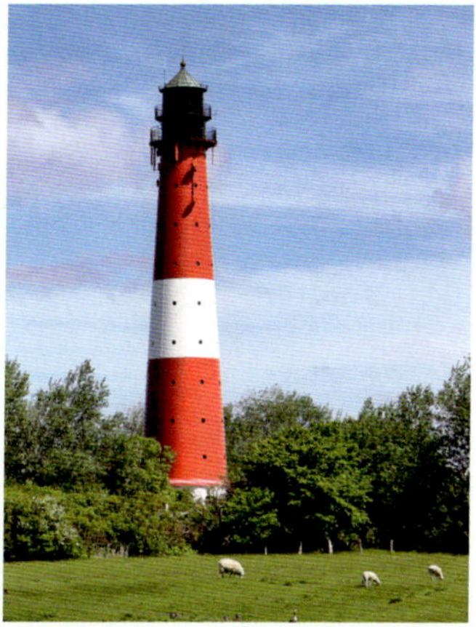

Hier kommen nun endlich verliebte Paare zu ihrem Recht. Seit 1998 befindet sich auf Deck 9 nämlich ein Standesamt, wo man sich in maritimer Atmosphäre während einer seemännischen Zeremonie trauen lassen kann. Auch Erneuerungen des Eheversprechens zu Hochzeitstagen oder ähnlichen Anlässen sind möglich.

Mo, Di und Do jeweils nachmittags nach Anmeldung beim Kur- und Tourismusservice, Erw. € 5, Kinder (8-16 Jahre) € 2,50, aus versicherungstechnischen Gründen dürfen Kinder erst ab 8 Jahren mit auf den Turm.

Sie kehren zum Deich zurück und setzen die Wanderung dort in nordöstlicher Richtung fort. Nach etwas mehr als 2 km passieren Sie die Zufahrt zum Tiefwasseranleger und gelangen 500 m weiter an die sogenannte Himmelspforte. Durch sie gelangen nicht nur Verliebte zur dahinterliegenden Liebesallee. Exklusiv für Verliebte ist aber das Liebesgitter. Mangels geeigneter Brückengeländer haben sich die Pellwormer etwas ganz Besonderes einfallen lassen und ein Gitter – natürlich mit Blick auf den Leuchtturm – aufgestellt, an dem Liebesschlösser angebracht werden können. Paare, die hier ein Schloss anbringen und den Schlüssel anschließend wegwerfen, werden für immer zusammenbleiben, so heißt es wenigstens.

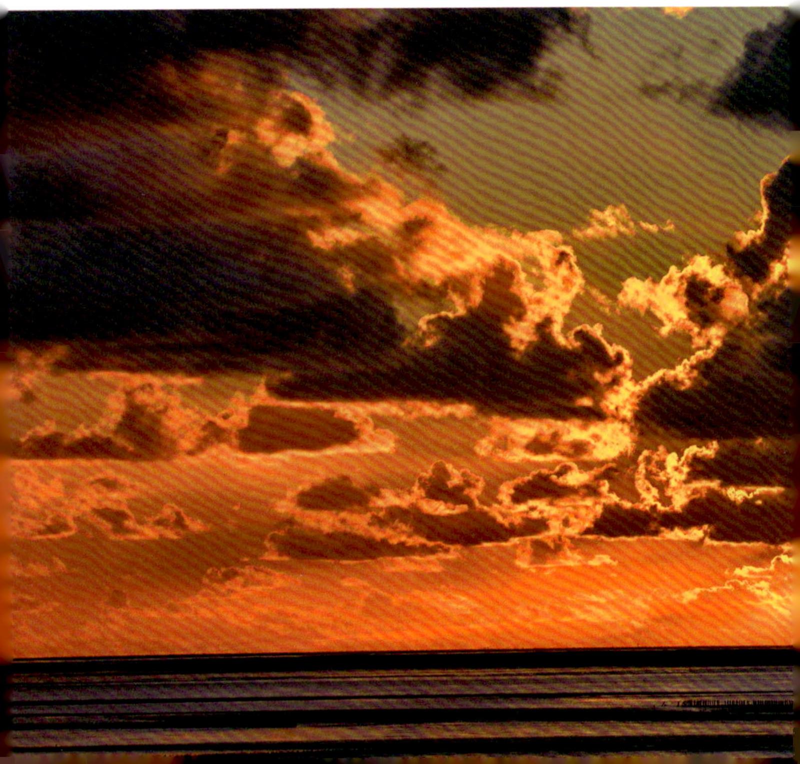

Vorbei an schönen Reetdachhäusern erreichen Sie am Ende der Liebesallee die Landstraße, gehen rechts und biegen etwa 70 m weiter links in die Uthlandestraße ein. Vorbei am Hallenbad PelleWelle mit 62 m langer Wasserrutsche und Saunalandschaft sowie angegliedertem Pellwormer Kur- und Gesundheitszentrum gelangen Sie wieder zu Ihrem Ausgangspunkt zurück.

PelleWelle, Uthlandestr. 6, 25849 Pellworm, ☏ 048 44/99 04 49, Mo 10:00-16:00, Mi-So 14:00-20:00, Hallenbad mit Kurkarte Erw. € 4,60, Kinder € 2,70

Diesen besonders schönen Sonnenuntergang am Westerhever Leuchtturm können Sie auf der Tour 3 bewundern

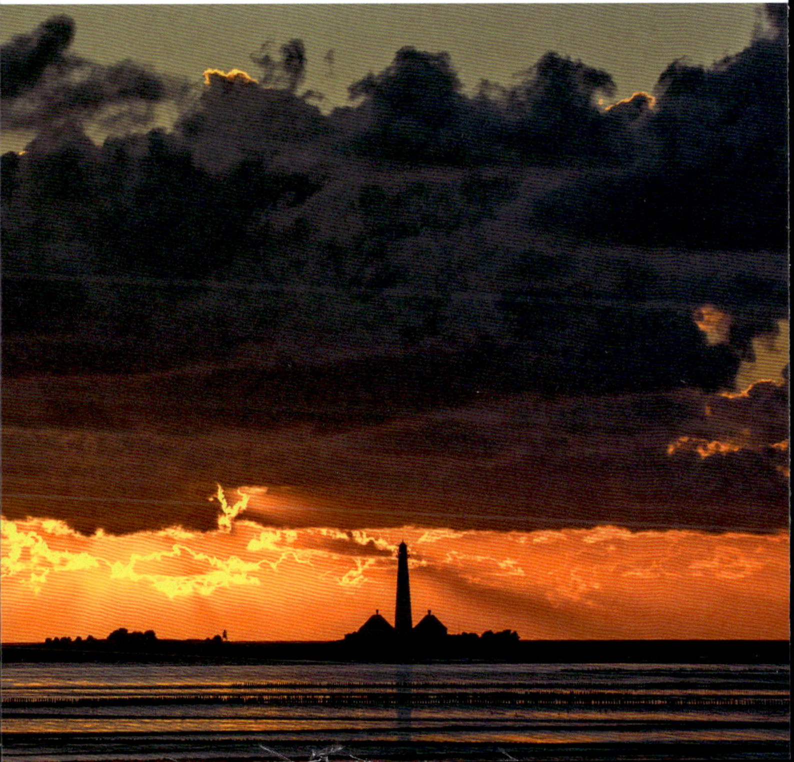